图书出版理论研究

孟 萍◎著

吉林大学出版社

·长春·

图书在版编目（CIP）数据

图书出版理论研究 / 孟萍著 . -- 长春 : 吉林大学出版社 , 2024. 6. -- ISBN 978-7-5768-3495-6

Ⅰ . G230

中国国家版本馆 CIP 数据核字第 2024NC7194 号

书　　名	图书出版理论研究
	TUSHU CHUBAN LILUN YANJIU
作　　者	孟　萍　著
策划编辑	殷丽爽
责任编辑	殷丽爽
责任校对	李适存
装帧设计	守正文化
出版发行	吉林大学出版社
社　　址	长春市人民大街 4059 号
邮政编码	130021
发行电话	0431-89580036/58
网　　址	http://www.jlup.com.cn
电子邮箱	jldxcbs@sina.com
印　　刷	天津和萱印刷有限公司
开　　本	787mm×1092mm　1/16
印　　张	11
字　　数	200 千字
版　　次	2025 年 1 月　第 1 版
印　　次	2025 年 1 月　第 1 次
书　　号	ISBN 978-7-5768-3495-6
定　　价	72.00 元

版权所有　翻印必究

前　言

我们的祖先为了记载历史，传承文明，作出了一系列努力，其中就有发明了造纸术与活字印刷，才能通过复杂工艺制作图书。近百年来，图书出版从手工制作演变为大规模机械制作，现代科技取代了"铅与火"的传统工艺，图书出版的过程由复杂变得更为简单。但是，"简单"的出版活动其实不简单。现代出版更有规律、更加规范，加上激烈的市场竞争，充满了创造性和挑战性。

改革开放以来，中国的政治、思想、学术和文化环境发生了巨大变化，有效促进了中国出版业的繁荣发展。随着出版产业规模不断扩大，出版内容也变得更加丰富多彩，充分满足了读者日益增长的文化需求，同时也面临着诸多挑战：各种民间力量的介入为中国出版业注入了活力，但也加剧了同行业之间的竞争；中美在北京签署的关于中国加入世界贸易组织的双边协议对中国出版业有着直接的影响，对图书、音像制品分销权的开放是其中之一，虽然双边协议为国内外出版物的流通提供了更开放的渠道，但国外出版企业进入中国市场，利用其资金、技术、人才和品牌优势，可能对中国出版业的格局产生深远影响。在全球化的环境中，中国出版业不再是一个独立的存在，而是成为世界传媒产业的一个组成部分。面对国际传媒巨头的竞争，中国出版业需要充分认识和发挥本土文化优势，并进行方法、体制的变革和调整，以适应全球化的挑战。

传统的出版过程是编辑、出版和发行三大环节，编辑负责组稿、审稿，出版负责图书制作，而发行主管图书的销售。现在的出版仅仅保持这三大环节已经不够，还要加上质量控制、管理和信息控制三大体系，才能有效完成图书出版，出版社才能成为真正的现代出版企业。

本书共分为六章内容，第一章讲述了图书出版理论研究，包括图书出版学的概述、出版的起源与发展、出版业对我国软实力的影响、传统出版业与现代出版业的区别。第二章介绍了图书的选题研究，主要讲述了图书选题策划的要素、图书选题策划的思维方法、大众与教育类图书的选题、少儿图书的选题等四方面内容。第三章介绍了图书的编辑工作，分别有图书出版社编辑的工作任务、图书编辑工作面临的困难与机遇、图书出版中编辑的作用和重要性、图书宣传中编辑的作用和重要性。第四章论述了图书的营销推广，详细介绍了图书的市场分析、图书的营销渠道、图书的营销策略等内容。第五章介绍了图书的出版管理与要求，分别论述了图书出版管理机构、图书出版管理方法、图书出版人的素养要求等三方面内容。第六章介绍了图书出版业的改革创新研究，包括我国图书出版业的发展现状、国外图书出版的经验借鉴、传统图书出版业转型的必要性、图书出版业创新发展的策略等内容。

在撰写本书的过程中，作者参考了大量的学术文献，得到了许多专家学者的帮助，在此表示真诚感谢。由于作者水平有限，书中难免有疏漏之处，希望广大同行及时指正。

孟萍

2024 年 1 月

目 录

第一章 图书出版理论概述 ... 1
  第一节 图书出版学的概述 ... 1
  第二节 出版的起源与发展 ... 6
  第三节 出版业对我国软实力的影响 ... 9
  第四节 传统出版业与现代出版业的区别 ... 13

第二章 图书的选题研究 ... 16
  第一节 图书选题策划的要素 ... 16
  第二节 图书选题策划的思维方法 ... 18
  第三节 大众与教育类图书的选题 ... 21
  第四节 少儿图书的选题 ... 37

第三章 图书的编辑工作 ... 40
  第一节 图书出版社编辑的工作任务 ... 40
  第二节 图书编辑工作面临的困难与机遇 ... 67
  第三节 图书出版中编辑的作用和重要性 ... 74
  第四节 图书宣传中编辑的作用和重要性 ... 84

第四章 图书的营销推广 ... 90
  第一节 图书的市场分析 ... 90
  第二节 图书的营销渠道 ... 108
  第三节 图书的营销策略 ... 114

第五章　图书的出版管理与要求 ... 119
第一节　图书出版管理机构 ... 119
第二节　图书出版管理方法 ... 126
第三节　图书出版人的素养要求 ... 128

第六章　图书出版业的改革创新研究 ... 143
第一节　我国图书出版业的发展现状 ... 143
第二节　国外图书出版的经验借鉴 ... 146
第三节　传统图书出版业转型的必要性 ... 155
第四节　图书出版业创新发展的策略 ... 157

参考文献 ... 169

第一章 图书出版理论概述

本章内容为图书出版理论研究，包括图书出版学的概述、出版的起源与发展、出版业对我国软实力的影响、传统出版业与现代出版业的区别。

第一节 图书出版学的概述

一、图书出版学的相关研究

中国的图书出版历史悠久，内容丰富多彩。从甲骨文到西周、春秋时期的简策和帛书，中国人民很早就开始了以传播为目的的书籍创作和记录。之后历朝历代都有人致力于编书、写书、刻书和藏书，作品内容涵盖了各个领域，包括哲学、历史、文学、科学、艺术等，为中国文化的传承和发展作出了重要贡献。

中国图书出版研究的历史渊源可以追溯到先秦时代。古代的文人学者关于图书出版的思想见解，都可以被视为图书出版学的萌芽。目前其学科理论体系正在形成和发展中。关于图书出版学的研究，主要从以下三方面加以论述。

（一）图书出版历史

春秋战国时期（公元前770—前221），竹木简牍和缣帛已成为著书的主要材料。由于"学术垄断"的局面被打破，出现了私人著书、编书、藏书的情况，许多门类的著作相继问世。

汉代（公元前206—公元220），学校兴起，文化发达，对于书籍的需要量日益增多。纸的发明和推广使用，有力地促进了书籍文献资料的增长和科学文化的传播。据古籍记载，西汉时已有了书籍贸易，出现了中国出版发行事业的萌芽。

大约在公元7世纪的唐代，中国发明了雕版印刷术，正式的出版业开始出现。唐代中期以后，在今四川等地，从事雕版印刷的民间出版业已很普遍。早期印刷的出版物大都是一些为市民广泛需要的历书、字书和佛教经文等。直到10世纪30年代，即五代后唐时，雕版印刷大量普及，产生了不可忽视的作用和影响后，才引起政府的重视，用来刻印儒家经书，从此产生了由政府主办的出版事业。

10世纪下半叶到19世纪中叶，包括宋代至清代中期，是中国古代出版事业全面发展的时期。这一时期，发明了活字印刷术，印刷技术也不断得到改进和提高，以后又出现了套版印刷术，当时在世界印刷史上处于领先地位。在这期间，政府主办的出版事业日益兴盛，编辑、出版了许多集大成的总集和类书、丛书；私人刻书也很多；民营的出版业发展迅速。刻书地点几乎遍及全国，无论出书品种和数量都大大超过了前代。

1840年鸦片战争以后，中国逐步沦为半殖民地半封建社会。由于西方资本主义的文化侵略和现代印刷术的传入，中国原有的旧出版体系已不能适应新形势发展的需要，一些采用现代印刷术，以资本主义方式经营的出版、印刷单位逐渐发展起来。在图书类型方面，出现了新式教科书并大量翻译西方的图书，报纸和杂志也有了迅猛的发展。

1919年"五四运动"以后，特别是1921年中国共产党成立后，在中国萌发了新型的人民出版事业。马克思主义的著作开始被介绍到中国来，革命的出版机构开始建立，图书的内容开始向大众化、普及化的方向发展。革命的图书出版事业经过长时期的艰苦斗争，经历了曲折、复杂的历程，终于取得了胜利。1949年10月中华人民共和国成立之后，中国的出版事业开始进入一个崭新的繁荣的新的历史时期。

中国的图书出版活动源远流长，有丰富的经验和宝贵的传统。建立图书出版学一方面要总结现实的新鲜经验，一方面要从前人留下的思想资料中吸取营养，从历史与现实相结合的研究中，揭示图书出版活动的基本规律。

（二）图书出版原理

研究图书出版原理，就是从历史的角度研究图书出版活动如何逐步与著作活动区别开来，最终发展成为一种独立的社会职业；从现实的角度揭示图书出版活动区别于著作活动和其他社会文化活动的性质和特征，科学地阐明图书出版活动在文化创造、传播和积累中的作用，以及它存在和发展的必然性。

（三）图书出版流程

研究图书出版流程，就是从实践的角度研究一种图书的出版程序和工作环节，研究各个环节的相互关系，工作的原理、方法和应该坚持的规范与要求。图书出版流程是一本图书从选题策划到成书的基本程序和前后连续的工作环节。研究图书出版流程不但要研究选题、组稿、审稿、编辑加工等环节的工作原理和方法，还要研究出版过程中的各种矛盾和社会关系，如编辑与作者、读者的关系，图书的社会效益与经济效益的关系。只有处理好这些矛盾和关系，才能完成一本图书的编辑出版任务。

二、图书出版学的基本任务

（一）总结图书出版工作经验

中华人民共和国成立以来，人们在图书出版工作中既收获了成功的经验，也品尝了失败的教训。通过总结这些经验和教训，人们能够更好地认识到图书出版工作的规律性和特点，为今后的工作提供有益的指导。图书出版学不能脱离实际生活，不能只停留在概念的探讨上，而应该结合实践进行深入的研究和思考，分析其背后的原因和内在逻辑。这样可以更好地帮助人们认识问题的本质，为未来的工作提供更科学的指导，而这对于提高图书出版工作的科学性来说也具有重要意义。

（二）建构图书出版学理论体系

图书出版学需要明确其研究对象，在此基础上明确研究的范围和内容，运用适当的研究方法对图书出版工作进行研究和分析，构建相应的理论体系，推动图书出版学科的发展。

当前图书出版领域面临着一系列新问题，涵盖了从出版工作的内部运作到出版伦理、审美和社会责任等方面，具体包括出版业在面对市场、技术、政策等方面的内外部矛盾；出版业的运作模式、发展趋势和基本规律；出版道德的本质、基本原则和核心价值；出版过程中编辑的审美品位、情感投入，以及作者、读者的情感和情绪体验；图书的内容组织、版式设计、版权管理；图书美学的内涵、社会需求和审美规律；出版图书的选题、成果评价及市场效益的考量；作者和读者在出版过程中的责任和态度，以及他们对作品质量和内容的期待和评价等。对这些问题进行深入研究并解决，有助于提升出版行业的发展水平和服务质量，推动图书出版学科的发展和实践创新。

（三）指导出版工作实践

图书出版来源于社会实践，反过来又必须对出版工作实践具有指导作用，并且经受实践的检验。它的核心任务之一就是为图书出版从业人员提供知识、理论和方法，以启发他们的思想，帮助他们更好地理解和从事出版工作，从而使他们能够编辑出版更符合社会主义核心价值观的图书作品，为社会主义精神文明建设和物质文明建设作贡献。一本图书是否质量优秀、是否具有价值，只有在读者的阅读、评价和应用中才能真正得到验证。

三、图书出版学的研究方法

图书出版学的研究方法可以划分出不同的层次，包括哲学方法、一般科学方法和具体科学方法。综合运用这些方法，可以更全面地理解和研究图书出版业的发展现状、问题和趋势，也能就此为提升图书出版产业的质量和效益提供理论和实践支持。

（一）唯物辩证法

唯物辩证法是一种关于事物发展、认识和改造的哲学方法论，强调客观事物的内在联系和发展规律。它不仅指导着认识过程中的思维方式，还揭示了认识活动自身的规律性，即如何通过思维正确地反映客观事物。在科学研究和实践活动中，唯物辩证法是一种强大的工具，可以帮助人们理解和分析复杂的现实情况，发现其中的矛盾，并找出解决这些矛盾的方法和途径。在关于图书出版学的研究中，运用唯物辩证法进行分析和处理经验材料是非常重要的。通过唯物辩证法的思维方式，研究者可以从矛盾中抽丝剥茧，深入分析图书出版业的各种问题和挑战，从而更好地理解图书出版业的发展趋势、市场需求及产业结构，为行业的发展提出有效的意见和建议。总之，唯物辩证法在图书出版学的研究活动中具有重要的指导意义，可以帮助研究者更加深入地认识和改革图书出版业，进而有效推动行业健康持续发展。

（二）历史研究法

历史研究法在图书出版学研究中有着非常重要的作用。历史是不可改变的事实，是人们进行理论研究的基础。在进行研究时，不仅要了解图书出版活动的当前状态，还要运用历史研究法，追溯图书出版活动的起源，从而更全面地了解其发展历程和发展规律。除此之外，还应该在充分了解历史进程的基础上，以历史发展为线索构建完整的、有逻辑的理论体系。另外，人们还应该对其他国家图书出版活动的历史和现状进行研究，这样可以更全面地了解全球图书产业的发展现状和特点，为图书出版业的改革和发展提供现实参考。图书出版活动在中国有着悠久的历史，积累下来的经验对于我们理解和探索图书出版活动的发展具有重要意义。总的来说，图书出版学的研究需要尊重历史成果，重视历史的教训和经验，并将其作为指导图书出版学研究和实践的重要依据。

（三）社会调查法

对图书出版学活动中的各个方面进行系统研究，可以建立起比较完整、统一的学科结构。这个学科结构涵盖了图书出版的各个环节和相关因素，是对实际图书出版活动的总结概括。该学科结构需要与实践相结合，通过对实际出版活动的观察、研究和实践应用来检验其有效性。所以，图书出版学的研究需要采用理论联系实际的方法，将图书出版学的理论与实际图书出版活动相结合，深入了解实践中存在的问题，提出更为具体和实用的研究议题，通过对实践经验的总结和理论的提炼，可以指导和促进图书出版活动的发展。社会调查法是图书出版学的基本研究方法之一，可以为研究提供丰富的实证数据和实践经验，从而更好地验证理论，总结规律，指导实践。这种研究方法不仅可以深化人们对图书出版活动的认识，还可以为出版社、作者、读者等相关方提供更科学的决策依据，促进图书出版业的健康发展。

（四）类型学法

使用类型学法进行图书出版学研究是非常重要的，了解并区分各种图书类型是深入研究并应用某种理论的关键。要研究图书出版学知识，就要深入研究和区分图书类型、出版工作类型、编辑类型、作者类型、读者类型等。例如，对图书类型进行分析可以帮助研究者了解不同类型图书的特点和读者需求，从而为实际的出版活动提供指导；了解不同类型的读者可以帮助出版社更好地进行图书市场定位和营销策略。利用类型学法，研究者可以将研究领域细分为不同的类型，使得研究更具体化；研究者能够更深入地理解研究对象，从而提高图书出版学的理论价值和实际应用价值；研究者可以更好地了解系统对象的共同点、差异点和本质特征，从而更深入地了解图书出版系统。总之，类型学法对于图书出版学的研究具有重要意义，不仅可以丰富理论研究知识，还能指导实际出版活动。通过对不同类型的深入了解和分析，图书出版学的研究可以更加精细化和具体化，从而有效促进图书出版事业的发展。

（五）综合研究法

综合研究法在图书出版学的研究中发挥着重要作用。考虑到图书出版学的学科性质及研究对象的复杂性，运用综合研究法能够有效地整合各种相关学科的理论和方法，从而使研究者更全面地解决图书出版活动中的问题。系统论的方法可以帮助研究者分析出版活动中的各种关系、相互作用及影响因素，从而使其更好地把握整体运行机制；类型学法可以帮助研究者更有针对性地进行出版策划和确定市场定位；心理学和社会学的理论和方法可以帮助研究者了解编辑、作者、读者等在出版活动中的心理和行为特征；信息学的理论和方法可以帮助研究者更好地理解信息传播和管理的原理，从而在图书选题、出版流程管理等方面作出更科学的决策；现代管理学的理论和方法可以进一步提升出版管理的效率和质量。

第二节　出版的起源与发展

"出版"这个词本义上和印刷相关，最初的从业人员也都和印刷商有关系。而随着科技的不断进步，人类文明的不断发展，人们意识到出版方式也是一种文明形式，是传播人类社会文明的载体，能够影响社会大众。阅读是出版的基础，阅读的存在激励着出版的发展，因此出版的发展过程也是人们阅读需求不断攀升的过程，为了人们的阅读需求和渴望，这个市场不断扩大。而出版业在人类发展过程中，在启迪人类智慧、启蒙文明等方面起到了非常重要的作用。

在中国古代，最早的"版"是用来书写的竹片或者木片，而这些在中国不同朝代中的发展也不同，在唐五代，有雕印、模勒、刻印版、梓行、镂版、雕刻、雕版等，而到了宋元时期，就发展了印刷、开板、摹刻、印行、版行等，明清以前又有了印版等。这些时期并未涉及编辑内容，只是单纯地印刷、发行。在印刷术还未面世时，最早出版活动的雏形就属书籍手抄本，人们通过手抄本进行传递阅读。真正意义上的首次出版活动要算后唐明宗长兴三年（932年）雕版印刷的"敕令国子监集博士儒徒"。直到宋代活字印刷术的出现，才使出版技术得到了变革式的发展，进而推动了整个出版行业的发展，也由此使一部分人成为书商。真正成就出版业的是近代铅字印刷术的引入，真正算得上中国第一个印刷企业的是商务印书馆。在商务印书馆创办之初，其主要业务并非真正的出版，而是印刷一些小件的商务报表。直到1901年，商务印书馆才从印刷行业转入了出版行业。

近代的中国出版业就这样起步并发展，最初主要编辑出版中国的古书籍和西方的民主思想等，这也在一定程度上促进了民主运动的发展。

中华人民共和国成立后，出版业也历经了几个不同的时期。

从1949年中华人民共和国成立到1965年这段时间，建立了多个科学科技类的出版社以及一些地方综合性的出版社。1950年，国家作出《关于改进和发展全国出版事业的指示》，明确提出了要把出版业作为新中国一项崭新事业来加速发展。国家成立了相关管理部门，统一全国出版事业，统一各项工作制度，陆续制定出版管理法规，调整公私营出版业关系，对私营出版业进行社会主义改造，改变旧有的出版业出版、印刷、发行三位一体格局，实行专业分工，1950年起，相继成立了科学出版社、人民出版社、人民教育出版社等专业出版社，到1957年年底，全国出版社数量达到103家。1961年，中共中央提出国民经济实行"调整、巩固、充实、提高"的方针后，出版系统认真贯彻，情况逐步好转，到1965年，出版事业从机构到体制，从基础设施到队伍建设，都取得显著成绩。

历经曲折，整个中国出版业萎靡不振，直到1971年周恩来总理召开全国出版工作座谈会，采取一系列措施来挽救中国出版业，这才使出版业出现了新的转机。

从1977年至今，我国出版业经历了天翻地覆的变化。逐步实现了从卖方市场向买方市场的转变，出版从业人员逐步开始考虑读者的需求，并开始调查市场的需求。而随着科技的不断发展进步，各种现代技术也被应用到出版传播活动之中，其中数字复制技术的影响最为深远。这种技术使得信息的复制、传播和存储变得更加容易和便捷，有效促进了出版传播领域多方面的发展。

自中华人民共和国成立以来，国家相关部门陆续颁布了多期出版业发展计划，这些计划旨在引导和促进出版业的健康发展，推动出版事业与时代的发展相适应。《出版事业"八五"计划及十年发展规划》是在"八五"时期制定的出版业发展规划，旨在推动出版业的改革与发展，促进文化建设；《新闻出版科技发展"九五"计划和2010年长期规划纲要》是在"九五"时期制定的出版业发展计划，重点关注出版科技的发展；"十五"时期和"十一五"时期，中国出版业陆续实施了一系列发展计划，以推动出版业的进一步发展与改革，促进文化产业的繁荣；"十二五"时期，国家发布了《新闻出版业"十二五"时期发展规划》，重点关注数字出版、出版服务、版权保护、文化出版等领域；"十三五"时期，中国不断加强出版业的发展规划与管理，以适应数字化、网络化的发展趋势，推动出版业转型升级。

国家在《出版业"十四五"时期发展规划》中重提"数字出版"战略，并将其作为拉动整体产业升级的关键，这反映出中国出版业对数字技术的态度和认识的转变。在"十一五"时期，数字技术作为一种新兴力量被初步确定，意味着出版业开始正视数字化趋势的存在；到了"十二五"时期，出版业开始逐渐顺应数字化发展趋势，开始尝试数字化出版，并意识到数字技术的发展是大势所趋，必须跟进；在"十三五"时期，数字出版逐渐深化为出版业发展的重要战略，人们不再是简单地顺应趋势，而是开始在实践中深入探索数字技术在出版领域的应用；而到了"十四五"时期，数字出版被提升为支柱产业，这意味着出版业对数字技术的依赖程度得到进一步提高，出版业从业者将数字出版视为未来产业发展的重要方向和动力。这四个时期的转变充分反映了出版业在数字化时代发展方向的调整和发展策略的变化。

从2014年到2022年，中国文化产业经历了一场从传统媒体向数字化转型的重大变革，数字化战略已经成为国家文化发展的核心战略。出版业在数字化时代面临着许多挑战和机遇：首先，数字技术在出版业的应用可以使文化产品更轻松地适应不同的媒介和受众需求，呈现形式更加多样化，传播范围更加广泛。其次，出版机构平台化意味着出版业将不再只是内容的制造者和传播者，而是更多地扮演起资源整合者和价值创造者的角色，这种平台化可以促进多元生产主体和消费主体之间的价值共创，提升整个产业链的效率和竞争力。最后，出版业将通过对数据文献的深加工和再传播，实现数据的价值化，利用技术手段可以对原始的出版数据文献进行深度加工，使其更具有实用性和吸引力，从而提升数据的价值，还可以借助技术手段对出版过程中积累的大量数据进行挖掘和分析，发现其中的潜在价值，并将其转化为新的产品或服务，从而实现数据的再利用和再创造。

现代出版传播中的出版行为已经成为现代市场经济中不可或缺的一部分。数字技术推动了出版业的变革，使得传统的印刷和发行方式逐渐演变为数字化的生产和传播过程，从数字排版到电子书籍、在线期刊，出版物以各种形式融入了人们的日常生活。数字化出版物的兴起使得信息可以更快速、更广泛地传播，进一步推动了出版产业的发展。

现代出版传播活动的受众面广泛，覆盖了各个年龄段和各个职业领域。编辑活动的多样性反映出出版传播者在适应不同受众需求和媒介环境时的灵活性。出版传播者在进行各种活动时的组织结构和职责更加清晰和明确，编辑不再只是孤立进行工作，更多的是与其他环节密切合作，最终形成了一个相互依存的系统。随着出版业的不断发展，开始出现一些大型的专业出版机构，它们能够整合资源，实现更高效的生产和更广泛的传播，对人才的需求也更加多样化。

出版业正处于快速发展和变革之中，随着数字技术的发展，出版业成了一个极具吸引力的领域。在市场法则的作用下，一些大型跨国出版集团迅速崛起，通过整合资源、提高效率，逐渐实现了行业垄断。为了适应市场发展和经营模式的变化，出版单位需要进行结构调整和分工优化，通过开放市场和多元化渠道，学习国际上先进的管理经验和技术手段，提升行业整体的水平和竞争力，从而推动整个文化产业的繁荣发展。

第三节　出版业对我国软实力的影响

一、能促进并影响社会文化的传播

社会文化是在人类发展的过程中产生的，人们不断赋予文化以意义，通过行为强调文化的价值。在一个社会中，文化的价值非常重要，是整个社会价值的核心，文化也是一个国家、民族的核心凝聚力所在，人们认同并发扬它，并共同维护它。因此，整个文化的传播实际上就是人们对自身认同的社会价值观的传承、强化、增值过程。在文化的传承过程中，出版作为主要手段和形式，其不论是报纸、期刊、图书，还是音像制品、电子出版物对整个文化建设起着非常重要的作用。

一方面，出版能够向社会提供有价值的信息并起到引领价值的作用。现如今是一个信息爆炸的时代，信息纷繁复杂，人们获取信息的来源也极为多样，出版在于筛选和提炼，挖掘更有用、更有价值的信息。而这些信息具有一定的价值取向，获得出版信息的人就可能被这种价值取向说服，进而将其整理消化形成自我的价值取向，这种说服作用在社会上产生的影响力就形成了社会的文化价值。这样就能在一定程度上控制那些极端的、对社会发展有害的价值影响，但是这种文化价值也会随着社会环境、状态的变化而变化，因此也具有可调节性。这在历朝历代及世界各国的发展中都有印证，在历史发展的过程中，国家领导者会确定相应的价值取向，提供一定的价值选择，并进行推广，最终形成相应的文化价值体系，以保证社会稳定发展。

另一方面，出版在文化发展过程中起着让人们摆脱落后思想，促进社会进步的作用。出版作品中的文化成果，能够帮助人们认识事物，启发人们的思想，从而构建新的知识和价值体系，使人们可以创造自我和超越自我，而在这种启迪下，首先会影响人的思想，进而会影响人们的行为。在社会文化和社会进步的历程中，当一个人的思想得到启迪，那么这个人可能成为思想导向者，而当一群人被影响，那么就可能形成社会效应，形成社会价值观和社会风气。大众的普遍文化、思想水平被提升后，就会推动社会文化的发展。在出版活动中，首先受到影响的是出版从业者，出版从业者群体会据此形成一定的价值观，进而影响其他人。但是，如果出版从业者所提供的思想价值是非理性的，那么其影响力可能对一些本身不具备独立思考能力的人产生负面作用，使其产生非理性行为。因此，出版从业者应对其出版内容具备一定的判断力和预测力，也要具有对信息进行筛选和分析的能力。

出版活动实际上是对社会价值的选择，它对社会文化思想传播有重大责任，它只有遵循社会文化规律才能发展。出版活动受社会文化价值制约，其在大方向上决定出版活动的价值选择、目标、取向。一般情况下，国家对社会文化的生产和维护产生作用，文化维护作为政权维护的重要工具，也是领导者推行的文化价值体系，他们会通过各项文化措施甚至法律方式将其贯彻整个社会。

总之，出版作为社会文化传播的重要内容，在整个社会文化建设中起着至关重要的作用。因此，无论对于国家还是对于出版行业而言，都应积极发挥其作用，让其在社会文化建设中起到引领社会文化价值的作用。

二、分担了家庭、学校、社会的教育职能

"人以文传，文以人传"，在人文相化的社会文明发展过程中，人们获得精神力量离不开阅读及教育，而最为关键的就是教育，它培养、培育着人们精神上的沃土，拥有了这份沃土，人们才能在此之上不断成长，我们当今的文明也是这样延续的。在教育发展过程中，人们或是通过言传身教或者是通过文字学习和认识世界。在《管子·宙合》中就有"修业不息版"的说法，说的就是人们要获得知识上的成长就不能停止读版，这里的版就是出版物，泛指读书，而"读版"就需要"版"的发展，需要制版、刻版、出版。在中国文化的发展中，出版的目的始终是阅读、学习、增长心智，因此出版无论是在家庭教育、学校教育、社会教育上都起着至关重要的作用，也受到社会的重视。

三千年前的甲骨卜辞里描写过这样一个为史官选拔刻契者的故事：23 名刻契者带着准备好的龟甲片来到指定地点，考官拿出事先编好的卜辞，规定了字数、行数、排列格式等，让这 23 名刻契者比赛，最终选拔出刻得最快最好的刻契者来供给主管占卜的巫师或史官所用。这个故事说明在古代，出版离不开事前的教育和培训，当时的人们会规范出版的模式，以便阅读和传播，以期起到传道、授业、解惑的作用。

出版作为一种教育手段自古有之，不过在不同的时代有不同的比重，秦汉以后，阅读者越来越多，但是出版从业者却从阅读教育中分离出来，成为社会商业的一部分，因为中国古代一直有重农抑商、重文史轻工商的特点，所以出版技术逐渐落后于西方国家，而后西方的机械印刷也渐渐取代了中国的雕版印刷和活字印刷。直至 20 世纪 80 年代，编辑出版业才开始掀起了教育的高潮。

现如今，在家庭教育方面，如在学龄前儿童教育阶段，家长缺少必要的教育

体系，而且家长的自身素质又千差万别，导致很多家长没有科学的育儿经验，因此出版婴幼儿教育图书有着重要的作用。出版社可以邀请教育专家著书，并给予读者与专家见面的机会，这样就可以确保家长更科学地教育子女。而诸如配合家庭亲子教育的书籍、光盘、玩具等物品也在一定程度上有家庭教育的功能。

出版在学校教育方面的重要性不必多言，出版社不仅为社会提供了大量优秀的教育书籍使之成为学生在校学习的教材，更是邀请名师编纂相关辅导书籍，以实现学生的全面发展。出版社还与学校联合，向学校图书馆提供大量优秀书籍，以供学生阅读与学习。

从社会的角度上来讲，自觉自主地学习阅读贯穿每个人的一生，人们从出版的书籍中选取自己感兴趣的内容进行阅读和学习，在这个过程中，作品的精神内涵、价值取向也影响着阅读者的思想和行为，在社会中生活的人获取知识的主要渠道就是自觉阅读，阅读可使人接收出版信息，起到感化和教育社会大众的作用。所以，从对社会的影响来讲，出版从业者更应当承担责任，出版优秀的出版物，要确保既能教育大众，又能受大众喜爱，以达到高质量的社会教育效果。

在现代社会，人们获得信息的渠道和来源非常丰富，社会财富升级，社会价值观自由，人们更容易受外界诱惑干扰，因此出版业更应在此阶段担负起社会责任，多出版优秀作品，以提升社会整体的文化教育水平，促进我国软实力建设。

三、对社会制度建设和创新起到启蒙作用

出版业在社会制度建设和创新方面起着至关重要的作用。社会上那些有文化、有思想的人士对整个社会的发展起着推动作用，而要想使他们的思想能被大多数人知道、认可就需要借助合适的宣传工具，而出版就起到了传播思想的作用，能够使这些人的思想被人们熟知，也能被社会具备一定权力的管理者看到，从而促使社会作出相应改变。

19世纪末20世纪初期，康有为、梁启超代表维新派创办报刊，将资产阶级民主政治的思想及西方的自然科学、社会科学引入中国，对中国的知识分子思想解放起到了重要的启蒙作用。到了20世纪初，报刊的种类更多，孙中山、章太炎为宣传革命思想，"民族、民权、民生"的三民主义思想得到了支持，为民主革命奠定了基础。此时报刊业的兴起与当时的环境有很大的原因：新式的知识分

子增多，清政府派遣到国外的留学生回国，将先进思想带入中国，形成一股力量，他们不仅发表自己的思想，还积极参与办报，传播先进思想和文化。"以20世纪30年代办的刊物《独立评论》为例，算上编辑记者32名及主要撰稿人在内，有96%留学欧美，留学美国的占87%，其中，19人获得博士学位，在留学欧洲的4个人中，有1人获得博士学位；6个人是理工科教授，26人是人文社会学科教授，其中政治学教授9人，经济学教授5人，历史学教授4人，文学教授和教育学教授各2人，哲学、法学、社会学、心理学教授各1人。"也正是这股思想潮流，促使革命爆发。

而直至今日，出版在社会制度建设和创新上仍有很大的意义。出版物向来是社会声音的发声口，人们意愿的表达、知识分子对社会各个方面的意见表达及将其积极进步的思想传达给普通大众的窗口，当人们的思想觉悟提高了，那么就会促使其对社会建设发声，并为此提出宝贵且积极的意见，这些都是有助于社会发展的一方面。诸如一些新闻深度报道，一些有见地的社会评论等引起多方关注后，就可能促进社会改革。

总而言之，出版业需要选拔具备思想高度的人才，只有这样的人才，才能出版优秀作品，从而达到启蒙大众的目的，也能促使新的利于社会发展的变革产生。

第四节 传统出版业与现代出版业的区别

出版业的革新一直伴随着科技的进步，不断影响着社会文明、文化的发展。在数字技术革新以前，出版业纵有千百变化，但仍然以纸质作为其传播载体，然而，当数字技术出现之后，传统的以纸质材料作为载体的出版业一方面受到新的出版方式的影响，如图书阅读各类数据能在很大程度上反映不同年龄、性别、文化水平的读者的阅读喜好，这样对图书市场的把握准确度将会提高。另一方面也受到新的出版方式的冲击，如电子阅读的影响，只是简单地通过对即时阅读、即时查看等科技手段的运用，就使传统的纸质出版面临较为被动的局面。新的出版方式对出版的专业性、个性化及规模化要求更高。

那么，究竟如何界定传统出版和现代出版呢？普通意义上来讲，传统出版就是以传统印刷技术为基础的纸质出版，而现代出版一般指的是利用现代科学技术，涵盖电子期刊、杂志、音像、电视电影作品等多方面的数字科技出版方式。现代出版业具备以下几大特征：高度科技化的出版技术；纳入现代市场经济，生产与经营规模化；渗透力较强。也正是因为这些特点使现代出版业在出版流程、内容、出版方式、工艺、营销及人才选拔上都体现出与传统出版业的不同。传统出版实际是工业时代的产物，而现代出版是后工业时代的产物。

从整体上看，传统出版业与现代出版业有着以下不同。

第一，传统意义上的出版业以图书出版为核心，图书出版则以纸质的书籍为主。而现代出版业在形式上较传统出版更为多样，由于电子技术、网络的发展，出版业也实现了数字化、电子化。出版实现电子化，一方面是运用电脑技术进行编辑排版出版纸质出版物，另一方面是利用电子技术出版发行电子出版物，如VCD、DVD、磁带、电子期刊等，也包含利用无线通信技术、网络技术实现视图书出版。

第二，传统的出版活动往往只被认为是文化或生产活动，其涵盖的范围较为狭窄。由于在古代，技术水平不够发达，因此出版基本上只围绕内容的生产进行，随着现代科技的发展，出版开始注重载体的呈现方式及读者的需求，它是建立在现代技术基础之上的。也正是因为现代技术，使得出版的内涵和外延不断被扩大，其不仅以多种载体的方式出现，更是融合了媒体、广告与计算机、通信、软件等多个行业共同发展，在今后现代技术不断迭代的过程中，这种融合性将得到更深入的体现。

第三，对于现代出版业而言，其更注重出版的专业化及其市场的经济性能，从生产的模式转化为经营的模式。出版什么书，以哪种方式出版，选取的读者群是怎样的，找什么样的作者，采取什么样的营销方式等都是现代出版业所必须考虑的问题，其将更多的权利放置在市场端，而这些权利也将随着市场状况的变化而变化。因此，现代化的信息管理方式对出版业的发展至关重要，不仅可以提高出版业的管理效率和运营水平，还可以帮助其更好地适应数字化时代的挑战，也能牢牢把握住机遇，从而有效推动产业的发展和创新。

第四，传统出版业整体而言是一个相对封闭的体系。其经营方式往往以分散经营为主，在很大程度上具有局限性，关起门自己经营和发展，无法形成综合的优势，而以往的计划性生产模式，并不能更大限度地调动市场的积极性。相比之下,现代出版业是一个比较开放的体系,是打开门来面对世界,面对市场的需求,整合集体的优势和能量,能够跨越国家、地区、行业实现融合和发展,最终使整个出版业形成良性的循环。

总而言之,传统出版业历经发展,其内涵和外延都发生了变化,也必将在现代科技、市场需求、自身发展需求的多重作用下,不断向现代出版业转型。而现代出版业将会融合多种业态、在全球化的发展浪潮下,也能创造出更符合市场、读者的出版模式。

第二章 图书的选题研究

在图书出版的过程中，选题策划是编辑工作从酝酿到正式启动的标志。本章主要讲述了图书选题策划的要素、图书选题策划的思维方法、大众与教育类图书的选题、少儿图书的选题等四方面内容。

第一节 图书选题策划的要素

一、图书选题策划的目标

图书选题策划是编辑根据一定的方针和主客观条件，开发出版资源，设计选题的创造性活动。目的是确保出版物能够在文化、社会和商业层面达到预期的效果，可以满足读者的需求，有效促进出版业的发展和进步。

作为文化产业的重要组成部分，出版产业的发展追求社会效益和经济效益的统一，选题策划目标亦可就此展开。

（一）文化层面的目标

出版活动伴随着人类的文化传播和文明进步而产生、发展，并将持续发挥其重要作用。纵观古今中外的出版发展历史，我们可以看到人类成长的脚步和轨迹。我们享受的古今中外各种灿烂文化成果，总离不开出版工作者的辛勤工作，正是这些孜孜以求的文化爱好者和传播者与作者一起，铸就了传承文明的文化大厦。

（二）经济层面的目标

一定的经济效益是出版产业持续发展的动力和基础。在激烈的市场竞争中，出版企业必须注重打造精品才能赢得市场，并获得大量经济效益，进而扩大生产规模，完成文化传播和积累的使命。好的出版选题是出版企业打造精品的基础，科学完美的选题策划是企业得市场、获取社会效益和经济效益的重要保障。目前，出版业正向着产业化、专业化和精品化方向发展，成功的选题策划是出版企业打造精品、创造品牌效益、形成规模效应、实现持续发展的动力。

二、图书选题策划方案

图书选题策划方案，即选题策划报告，是编辑进行选题创意与策划活动的成果和表现形式，一般包括书名、图书基本情况、作者基本情况、宣传营销及效益预测等四个方面。

（一）书名

书名，即书的名字，是图书出版时呈现给读者的名称。完整的书名，除正书名外，还包括副书名。在激烈的市场竞争中，书名构成了独特的营销要素，很多出版人常常在图书书名上深思熟虑，希望用书名吸引读者的注意力。

（二）图书基本情况

图书基本情况详细阐述了目标市场的基本情况。基于充分的市场调研与分析，说明选题策划缘起、编辑意图、内容简介、书稿特色、读者定位、编排体例等。这部分是选题策划方案的重中之重，每一项内容都关乎方案的科学性、可行性，必须谨慎表述。

（三）作者基本情况

选题开发者设计、构思某一选题的过程，也是选择和确定作者及对作者提出写作要求的过程，这一部分同样关乎选题策划方案的科学性和可行性。对于选题开发者来说，好的创意必须由合适的作者来实现，否则，无论多么好的创意构思，都只能是空中楼阁。有些选题构思本身就离不开作者的努力，即使有些选题暂时没有确定合适的作者，也要有写作方面的具体要求。

（四）宣传营销及效益预测

宣传营销是选题实施的后续环节，同时也是选题真正成功的基本保障，因此在制定选题策划方案时，必须充分考虑这一点。在现代市场经济条件下，开发选题不仅仅强调传播和积累文化知识，更要求扩大销量，获得真实的经济效益，由此才能保证产业可持续发展。科学的、严谨的效益预测还可以确保选题策划方案更好地实施。

第二节 图书选题策划的思维方法

选题策划的思维方法可归纳为一般思维方法和特殊思维方法。一般思维方法指的是编辑认识事物时使用的基本的、与其他职业相同的思维方法；特殊思维方法指的是编辑在策划选题时使用的独有的思维方法。

一、一般思维方法

编辑在选题策划中可以运用的一般思维方法有以下五种。

（一）分析综合法

分析和综合确实是选题策划中至关重要的思维过程，也是其他一切思维过程的基础。编辑需要先对市场需求、读者兴趣、社会趋势等因素进行整体分析，再分别对这些因素进行分析，最后将收集到的信息综合起来，进行全面且系统的分析，通过这样一个"总—分—总"的过程，确定合适的选题方向和内容范围，保证结果的科学性和有效性。

（二）抽象概括法

在选题策划中，准确认识本质性问题并处理好是至关重要的。编辑应该时刻保持头脑清醒，不被次要问题干扰，专注于寻找问题的本质。可以运用抽象概括的思维方法对问题进行深入思考和分析，抓住决定问题性质和发展方向的核心矛盾，从而更有针对性地解决问题，确保编辑工作朝着正确的方向发展，以取得更好的效果。

（三）比较法

在选题策划中，比较法可以运用在编辑工作的各个方面。首先，编辑团队应该比较编辑系统中各种内容、环节和层次之间的差异和优劣。这可能涉及不同内容形式、编辑流程、创作风格等方面，以此来确定最有效的编辑策略和最佳实践。

其次，编辑团队还应该与竞争对手进行比较，了解他们的编辑策略、出版内容、市场表现等。通过比较，编辑团队可以发现自己的优势和劣势，并制定相应的竞争策略，取长补短，提高编辑质量和自身的市场竞争力。最后，针对读者的需求，编辑团队可以对选题进行功能定位，即选择合适的内容形式和编辑风格，以满足不同层次和类型读者的需求。另外，编辑团队应该避免产出"四不像"的书籍，即在高、低、精、全等方面都不够突出的书籍。相反，应该根据读者需求和市场需求，确定书籍的特色和优势，以确保编辑成果符合市场需求。

（四）系统法

选题策划是一个涉及多个因素和环节的复杂过程。使用系统法能够有效整合编辑团队的资源、规划选题策划的流程、优化选题策划的结构，从而更有效地完成策划任务，提高工作效率，为选题策划的成功提供必要的支持和保障。

（五）创新法

创新法是选题策划过程中非常重要的一种思维方法，它突破了传统的限制和束缚，鼓励编辑以全新的视角来审视问题，并通过创造性的方式提出解决方案。在使用创新法进行选题策划时，应该保持思路的灵活和通畅，为读者带来全新的阅读体验。

二、特殊思维方法

特殊思维方法可以帮助编辑在选题策划过程中更好地应对各种挑战，以下是一些在选题策划中常用的特殊思维方法。

（一）直觉法

直觉在编辑工作中是一个重要的思维工具。编辑长期从事选题策划工作，对于选题、内容和受众有着深刻的了解，积累了丰富的经验和知识，因此在面对新的选题或挑战时，能够凭借直觉迅速作出判断和决策。直觉并不是孤立存在的，它通常建立在对问题的逻辑分析和思考之上。编辑在接收信息、分析情况时，往往会运用逻辑分析的方法，但在实际决策时，可能依靠直觉作出最终选择。直觉思维可以看作对复杂信息的快速处理和整合，是逻辑思维的一种补充和延伸。直觉并不总是准确的,编辑还需要通过逻辑分析和验证来确认其正确性、科学性和可行性,以确保选题策划工作的成功。

(二)灵感法

灵感法在选题策划中有着非常重要的作用,它不仅能够为编辑提供新的思路和创意,还能够激发编辑的热情和创造力。在选题策划过程中,灵感常常是在长时间的探索和思考后突然涌现的。要想获得更多的灵感,编辑必须持续积累知识和经验,努力思考,积极主动地收集信息,善于发现并把握机会,坚持记录各种想法。同样,编辑需要将灵感与科学分析相结合,从而确保选题策划的质量和有效性。

(三)联想法

联想法是一种非常有用的思维技巧,可以帮助人们发现事物之间的关联,并在此基础上进行创造性的思考和创新。横向联想和纵向联想是两种常见的联想方式,可以应用在不同的情景之下。在选题策划过程中,运用联想法可以帮助编辑发现新的创意和视角,拓展思维的广度和深度,从而提升策划的质量和创新性。这需要编辑具备一定的联想能力,培养联想能力的方法包括多读书、多思考、多交流、尝试不同的思维模式和创意方法,以及开展各种形式的跨学科学习和实践活动。通过这些方式,编辑可以逐步提升自己的联想能力,从而更好地应对复杂多变的选题策划工作。

(四)求异法

求异法的核心在于追求独特性,以凸显产品或服务的与众不同。这种方法强调从常规思维模式中脱颖而出,通过创新、反向思考或跳出传统框架,找到新颖的解决方案或创意。想创造出有特色的产品和服务,就要做到以下几点:首先,编辑需要善于发现、塑造和突出产品或服务的独特之处,以吸引目标受众的注意;其次,编辑可以尝试利用反向思维,从不同的角度思考问题;最后,编辑可以通过融合不同领域的文化或观点,创造出各种富有创意的内容,从而吸引不同类型的受众,提高产品或服务的吸引力和影响力。总之,在实践中运用求异法需要编辑具备创新思维、灵活的思路和敏锐的洞察力。编辑通过不断寻找新的切入点、思考方式和内容形式，打造出具有特色和竞争优势的文化产品，从而实现自身的目标和价值。

第三节 大众与教育类图书的选题

一、大众类图书的选题策划

（一）大众类图书的含义

一般业界认为，大众类图书既包含为了一般商业目的而出版的图书，也包含为了文化普及而面向一般大众出版的图书。基于此，大众类图书可以划分为文学类和非文学类两大类型。文学类图书是指人们可以通过阅读产生放松、闲适等精神状态的图书，非文学类图书是指人们日常精神需求中诸如生活实用（包括服饰、饮食、家庭装饰等）、旅游、保健、理财、励志、科普、艺术、文化普及等方面的图书。总之，大众类图书是指与人们的日常生活、休闲娱乐和文化普及相关的图书。

（二）大众类图书的特点

大众类图书的出版有以下几个特点：一是受众群体的大众化。大众类图书，顾名思义，就是面向社会大众的图书，其受众可能来自各个工作领域、各个不同的年龄段。二就是商业性与文化普及的结合。商业性无疑是这个类别图书区别于其他图书的一大特点，是在一定程度上迎合了市场上受众的各种需求而策划出来的图书。虽然有着强烈的商业化的目的性，但是普及文化也是其重要的使命之一，与教育类及学术类等其他图书相比较，文化普及的专业性没有那么强，普及的是日常生活中衣食住行等方面的知识。大众类图书的出版是所有图书中受众群体最大、商业性目的最强的图书，再加上其普及日常生活中衣食住行等方面的知识的特点，其出版准入的门槛也是最低的。但是，这种图书的出版现在也是最泛滥、同质化现象最严重的图书。因此，这个领域更新换代的速度也是最频繁的，对出版机构的创新意识有较高的要求。

大众类图书的读者自然是大众，那么，迎合大众读者而产生的商业化的大众图书有什么样的特征呢？满足了大众读者什么样的需求呢？研究我国图书市场的发展过程，可以看出大众类图书有以下5个特点。

1. 选题紧跟时代发展

一般大众类图书的策划选题是以社会热点为风向标的，而今社会信息多元化，加上更新换代也很迅速，一个受到大众追捧的时政、时尚风潮热点存在的时间不会太长，因此大众类图书的选题策划要紧跟社会节奏变化，抓住社会大众的兴趣点，以最快的速度将策划好的图书送达大众的手中，否则适当的时机消失，图书将不会受到大众的欢迎，销售也不会如意。20世纪80年代，图书市场出现了反腐败热，《苍天在上》《大雪无痕》《省委书记》等一大批反腐败题材小说，都有几十万册的销量。从2013年最受大众喜爱的图书来看，特点之一也是关注中国，聚焦时代。基辛格的《论中国》描述了一个美国政治家视野中的中国发展之道；《中国共产党如何治理国家》从多个方面深度剖析了中国共产党执政成功的秘诀；《第三次工业革命》主要就是描绘新能源革命在未来世界中的影响，描绘了一个新的世界经济发展蓝图。这些图书或是表达了社会大众对于反贪污腐败的强烈要求，或是寄托了大众对美好生活的殷切希望。

2019年的主题出版仍是一道亮丽的风景线。据统计，2019年报送的主题出版选题达2 800余种。其中较为突出的是学习宣传习近平新时代中国特色社会主义思想、庆祝中华人民共和国成立70周年、深度阐释社会主义核心价值观、研究"一带一路"建设等板块。

进入第十三届"全国文化企业30强"名单的企业牢固树立以人民为中心的创作生产导向，聚焦主责主业，发扬工匠精神，坚持创造性转化、创新性发展，不断推出思想精深、艺术精湛、制作精良的优质文化产品，打造一批有代表性、有影响力、有竞争力的文化品牌。2020年，中国出版集团有限公司充分发挥出版"国家队"和行业引领作用，把主题出版放在突出重要的位置，策划主题出版重点选题300多种。其中，围绕决战脱贫攻坚、决胜全面小康等主题，该公司推出了《习近平扶贫故事》《中国减贫奇迹怎样炼成》《涧溪春晓》等一批精品力作。

2. 内容有着强烈的情感寄予

内容中蕴含强烈的情感，这种诉求在文学类图书中是最常见的。从国外引进的经典名著《红与黑》《茶花女》《红字》《呼啸山庄》《飘》等作品，都寄予了读者在生活中及其他文学作品中无法寻觅到的对温润爱情的浪漫情怀，以及由爱情导致的困惑和困境。这些作品可以说满载大众的情感期待，又扮演着为深陷其中不能自拔的大众答疑解惑的一种角色。这些都是经典的大众类图书长盛不衰的原因之一。而从改革开放至今，还有着各种类型的文学作品，如反思文学、寻根文学或是都市情感文学，它们都满足了读者的情感需求，因而受到大众的长期追捧。

3. 有着明显的功利性阅读特点

功利性阅读，是指为了获取某种物质或者精神上的"功效利益"而进行的阅读，带有很强的目的性，是很常见的一种阅读方式。它有时候会忽略人们需要文化底蕴的熏陶以及精神上愉悦的享受，强调其具有时效性的实用功能。励志、心理自助、财经管理、考试考证考级等非文学类图书的畅销，都与读者的功利性需求直接相关。例如，各种旅游指南、财经图书、心灵鸡汤之类的图书，大多较为畅销。

4. 朝着轻松阅读的趋势发展

现在所有种类的图书都有轻松阅读的趋势，读图时代的到来、卡通图书的流行、期刊式图书的诞生，都印证了大众越来越倾向于轻松阅读。大众历史读物的空前火热充分说明了读者追求轻松阅读的倾向。例如，20世纪90年代流行起来的《谁动了我的奶酪》，作者就以讲故事这样一种轻松并且图文并茂的方式，向大众阐述了"变是唯一的不变"这一生活的真谛，告诉人们怎样面对与处理信息时代的变化和危机，并介绍了多种管理理念及方法。中信出版社还提出了"轻松财经"的口号，出版了一系列丛书，这些书充分结合现代经营管理理念，以轻松幽默的方式，结合实践经验，将深奥难懂的理论通俗化，让企业工作人员能迅速地"充电"，提高工作能力。这个系列的图书迅速走俏市场，首印6 000套不到20天售罄，又加印了5 000套。进入21世纪，《正说清朝十二帝》《品三国》《于丹〈论语〉心得》等"百家讲坛"历史读物横空出世，这些著作均以其通俗化、趣味化的特点拉近了学术与大众之间的距离，使专业图书逐渐成了大众类图书。

5. 朝着娱乐化的方向发展

现代社会，业界的代言人主要都是名人、明星。因为名人、明星对大众读者有天然号召力。从20世纪80年代至今，琼瑶、三毛和金庸等著名作家的书大卖，尤其是琼瑶和金庸的小说一而再再而三地被翻拍成影视剧；王朔、余秋雨、池莉、王安忆与海岩等著名作家都让出版社赚得盆满钵满。进入 21 世纪，韩寒、郭敬明等"80 后"作家也成为出版社的摇钱树；在网络媒体的推动下，洛洛等一批网络红人也开始出书，并受到网友的大力追捧。其实，一直以来，名人、明星的代言主要是盛行于生活领域和娱乐产业领域，后来才慢慢延伸到图书行业。进入 21 世纪，主持人、文体明星也开始被引入图书行业，成为代言人。2001 年，中国文联出版社聘请中央电视台《文化视点》节目主持人姜丰作为该社的代言人，并推出了她的两本书《玫瑰的心》《相爱到分手》，由于这是一次创新性的举措，加上以形象代言为宣传点的宣传与包装策划，使出版社及这两本图书都成为图书市场新的风景线。还有郑州大学出版社邀请湖南卫视节目主持人何炅作为该社推出的图书《魔法英语》的形象代言人，提高了出版社及图书的知名度及销量。

在《向往的生活》第五季节目中，为了丰富桃花源地区居民的文化生活，节目组在网络上发起了旧书回收计划，得到社会各界的热烈响应。并且在节目播出之后，除了《逛动物园是件正经的事》反响强烈，《人性的因素》也成了热门图书，其中《逛动物园是件正经的事》更是一度断货。

（三）大众类图书选题策划的基本原则

大众类图书选题策划必须遵循以下 5 个基本法则。

1. 科学性

选题策划的科学性原则是指以事实为依据，通过理论联系实际，使选题具有实践性和理论性。大众类图书跟其他图书一样，其策划的选题都是从实践中产生的，具有很强的针对性，实践为选题的形成提供了一定的依据。此外，要以科学的思想为指导，对选题进行选择和解释，防止选题盲目、低俗等，这是选题的理论基础。

2. 可读性

比较畅销的大众类图书具有"亲和力"的特征，改变了说教的行文风格，主要表现就是将专业性的图书通俗化。例如，健康类图书中许多保健类图书就一改往日单纯说教的方式，积极插入生活中的小故事，使用的语言也是大众容易读懂的直白文字，让大众爱读，而且能从中学习保健知识。同时，编顺口溜或三字诀，深入浅出地阐述医疗、预防等方面的知识，通过内容跟形式的变化将读者引向养生保健之路。例如，2002 年，北京出版社与广东教育出版社分别出版了著名医学专家洪昭光的著作《登上健康快车》和《健康忠告》，这两本书的发行都非常成功，具有较强的可读性。内容包含了很多介绍健康保健知识的顺口溜，如每天的饮食要做到"一二三四五，红黄绿白黑"；"'养心八珍汤'是真正健康心灵的八味药。第一味药：慈爱心一片；第二味药：好心肠二寸；第三味药：正气三分；第四味药：宽容四钱；第五味药：孝顺常想；第六味药：老实适量；第七味药：奉献不拘；第八味药：回报不求"等[①]。这样有意思的内容编排方式让读者轻轻松松地记住了健康保健预防疾病的知识。

再如，2022年3月"商务印书馆十大好书"正式发布：《红色气质》《中国鸟类野外手册（马敬能新编版）》《众神的怪兽：在历史和思想丛林里的食人动物》《伟大的考古学家》《创造现代世界：英国启蒙运动钩沉》《买与不买的心理学》《社会心理学的时代实践》《叶斯柏森论语音》《发展地理学导论》《唐宋禅籍俗成语研究》入选。其中《中国鸟类野外手册》是一本影响了不止一代中国观鸟爱好者和自然爱好者的观鸟宝典。时隔多年，商务印书馆推出全新修订版，作者马敬能增加了1 448条鸟鸣声二维码、2 831条识别要点标识，并对大部分的鸟鸣声进行了文字描述，读者可以通过扫描二维码聆听鸟鸣声。新版本更加适合入门爱好者查询使用。《伟大的考古学家》另辟蹊径，通过讲述70位对现代考古学发展产生重大影响的考古学家的人生经历，勾勒出考古学自19世纪中叶以来的发展轨迹。无论作为考古学普及读物还是作为考古史、科学史著作，这本书都具有较高的价值。

另外，畅销书策划大师金丽红在策划方面也有因为策划的图书不符合大众的口味而失败的教训。她策划过一本小品演员的图书，但是却是散文形式的集子，发行之后销售量奇差。究其原因，这位小品演员的故事很励志，应该是符合大众期待的。但是散文这种形式，与小品演员在读者心中的搞笑形象不相符合，因此像这类名人的选题策划也要注意符合其在公众心中的形象。明晰大众的阅读兴趣点，满足他们对图书的期待。

3. 针对性

在图书出版领域，找到读者的准确定位是至关重要的，是书籍成功的重要基

[①] "养心八珍汤"呵护您的心灵健康[R/OL].（2016-11-17）[2023-11-03]. http://www.360doc.com/content/16/1117/20/30604781_607368538.shtml.

础之一。选题策划阶段需要进行市场调研、分析目标读者的各种需求等来找准读者定位。准确的读者定位不仅可以让书籍的内容更有效地传达给读者并获得市场认可，还能提高图书销售额和读者满意度。为什么有一些畅销图书能在竞争如此激烈的图书市场中一直遥遥领先呢？他们做得最成功也是最到位的工作就是准确定位读者，进而策划针对读者的选题，以期贴近读者和图书市场。

对于同一作者，需要针对不同的读者群体，策划不同的选题。20世纪80年代末王朔创作的"顽主"系列小说，就通过反映当时青年人的追求和挣扎，引起了怀揣理想、面对社会现实的年轻读者的共鸣，这类题材对他们有着强烈的吸引力。20世纪90年代，王朔创作的《编辑部的故事》等作品则更加关注都市生活中不同群体的现实和情感体验，不仅紧扣老一代市民的生活实际和情感体验，还深入反映了新市民阶层的消费人生哲学，在当时正迎合了年轻市民的生活追求和心理需求，因而获得了欢迎和追捧。王朔的文学作品在不同时期吸引了不同群体的读者，反映了社会变迁和不同群体的生活态度和价值观，创作题材的转变也深刻体现出他对社会现实的敏锐洞察和深刻剖析。

现在还有一类较为畅销的图书，针对的是都市女性，尤其是政治地位与经济地位都已经今时不同往日的白领丽人。她们的生活、消费和由此带动的文化消费需求不容小觑。"小女人散文"系列在以前的一段时间里很受女性读者的欢迎，主要内容是女性作家以女性的视角和语言，观察和记录各种生活细节和情感体验。这类作品通常聚焦于日常生活中的琐碎事物，如服饰、宠物、阅读、娱乐等，还涉及对社会时事和文化现象的评论与反思。尽管可能有人批评这类作品肤浅或庸俗，但其实它们确实填补了特定的市场空白，为一部分读者提供了有价值的阅读体验。例如南妮的《回家》和素素的《风月闲人物》等作品，成功地抓住了都市女性读者群体的阅读兴趣和情感需求，不仅在文学层面上获得了认可，也在商业上取得了成功。随着生活压力的增大，都市女性逐渐开始在忙碌的生活中寻找内心的宁静与感情的平和，因此瑜伽、健身操开始流行起来。随着女性对健康生活方式日益强烈的追求，包括图书在内的相关产品开始走俏市场，其中也包括另外一些如美容、插花等减压、放松心情的休闲生活类图书。可见，大众类图书要想卖得好，就要确保选题具有针对性，也需要准确定位图书的受众目标，从而为图书的畅销及长销奠定基础。

4. 原创性

在所有图书类别中，大众类图书的跟风出版现象尤为严重，选题重复、东拼西凑等问题层出不穷。这主要是由于一些出版社过度追求经济效益，跟风推出大量受市场追捧、销路大畅的选题，推出了许多"克隆"作品。这些出版社往往会密切关注市场上哪些题材或作品受到读者欢迎，紧随其后推出类似主题或内容的图书。这种策略背后的逻辑是希望能够抓住潜在的读者群体，以迎合他们的阅读兴趣和需求，从而获取更多的利润。跟风选题的现象也许可以在短时间内给出版社带来较大的经济效益，但是长此以往，跟风现象层出不穷，原创作品越来越少，这将严重打击原创编辑的工作积极性，出版社长期下去将会失去原创性与独创性等特性。另外，这样做也会使读者丧失阅读兴趣。最终伤害的还是出版社的经济效益，整个图书市场会因此面临缩水的危险。所以说，策划选题，一定要克服从众跟风的心理，不要执着于眼前的经济利益，而要将眼光放长远，要看到出版社乃至整个出版行业健康发展的关键是原创。对于出版社而言，即便题材相同，也可从其他角度入手，带给读者耳目一新的作品，这也是一种原创。

5. 导向性

大众类图书的阅读有着轻松性、娱乐性、功利性等特征，而且大众类图书的选题策划有可读性，即满足大众需求的原则。受众广泛的、畅销的图书基本属于大众类图书。因此，大众类图书作为社会现象的一部分，不仅反映出时代的精神风貌，还对人们的思维方式、价值观念及行为方式产生了深远影响，在文化传播和社会变革中有着不可忽视的作用。这种"润物细无声"的潜在导向性是不可小觑的。它们在为出版机构创造经济效益的同时，也引领了社会时尚，影响着人们的价值观念。例如，改变我们中国人理财观念的一本畅销图书《穷爸爸富爸爸》，此书首次提出"财商"的概念，向中国传统的"勤劳致富"等传统的理财观念发出了挑战，宣扬了一种"发财靠财商"的理念。到今天，这种理念已经逐步为中国人所接受，可见大众类图书对大众价值观、人生观的导向性之强。

因此，出版机构在策划选题的过程中，要明确选题的导向性，在追求社会效益与经济效益统一的同时，将图书的社会效益放在首位，努力打造积极向上的图书，在确保大众价值观念保持健康的同时，也使图书市场持续发展。

(四)大众类图书选题策划的方法

有的选题策划方法是所有图书都可以使用的,但是根据图书类别、读者特征等不同,选题策划方法的侧重点会有所不同,甚至会存在某一类图书所特有的策划方法。下面我们将介绍大众类图书选题策划的方法。

所谓"选题策划的互动方法",是指在现实社会文化活动中,通过有关方面互动产生选题的方法。它需要出版人、作者、读者及广大群众互相引领、互相推动、共同酝酿、共同创造,最终共享以图书形式流传的文化成果。这种办法虽然一直存在,但无论其内容涉及的方面,还是参与人员的范围从前都比较受限制,而现在由于电子化、数码化、网络化的社会环境,互动方法成为一种流行的交际方法,在图书选题策划方面的应用也越来越广泛。从前的"互动方法"以友人通信、诗会笔会等方式为主,如鲁迅、许广平的《两地书》便属这一类型。现在的"互动方法"则包括广义的互动、狭义的互动两种。广义的互动是指不一定具有明确的双方或多方,但诸如政治形势、社会潮流、国际风云等,对出版人产生影响,出版人以图书参与其间,也对上述大的变化产生影响,形成互动反馈。狭义的互动是指出版人作为一方,与对方或其他多方,通过沟通交流甚至碰撞,形成互动,进而产生相应选题。

1. 捷足先登法

出版人作为历史的记录者,虽然不像新闻记者那样,永远出现在事实发生的第一现场,但是也应该时刻保持职业敏感性,抓住时代变迁的信号,并具有一定的前瞻性,能够预测到即将到来的时代热点,赶在其他的选题策划人之前策划出热点选题,占领图书市场的制高点。这类选题的产生,本质上就是反映社会形势的变化,所以在一定程度上只求做到最早,不求做到最好。这类选题要注意把握住出版的最佳时机,同时也要优化选题,重视对选题的跟踪,出版后要在一定程度上引领社会潮流,起到正确导向作用,确保能够尽到出版人的职责及义务。

随着国家教育政策由应试教育向素质教育转变,社会对素质教育的关注逐渐增加。素质教育强调培养学生的全面发展,而不注重单一的考试成绩。在其他出版社还未意识到这一变化或者未能迅速调整时,广东教育出版社敏锐地察觉到市场的机会,迅速推出了《素质教育在美国》一书,并且取得了显著的成功。

另外,1997年发生了一件值得永远铭记的大事件,即香港回归。香港回归牵动着无数人的心。在这样的形势之下，中国各出版社纷纷出动，策划了大批的图书。但是其中最令人瞩目的是新华出版社出版的《香港回归第一天》。这部书是由新华通讯社为记录香港回归历史场面派出的"香港回归报道组"集体采写的。书中记载了记者在香港回归现场采访、拍摄的珍贵的第一手材料，他们以一系列纪实性专稿和现场照片，实录了1997年7月1日零时至24时，在香港发生的各项重大事件，以及在内地和世界各地为香港回归举办的仪式、庆典和集会。这部书具有极高的历史文献价值，同时也对此后的各种庆祝活动产生了积极意义，可以誉之为"出版人对香港回归的一份贺礼"。

2. 旧瓶新酒法

旧瓶新酒法是与新瓶旧酒法相对的一种图书选题策划方法，就是从内容上去创新，而形式上没有什么改变。这个方法主要就是针对没有捷足先登，抢先占领市场高地的出版社而言，可以由借鉴在市场上已经获得成功的图书形式来切入策划新的选题。

例如，中国友谊出版社出版的《明朝那些事儿》推出之后，在市场上十分受欢迎，随后其他朝代的"那些事儿"也就不断地出现了:《宋朝那些事儿》《唐朝那些事儿》《清朝那些事儿》，这些图书由于内容创新，虽然形式上借鉴了之前推出的图书的形式，但是从销量上来看，仍然获得了市场的肯定。

广东教育出版社出版了一本市场畅销的图书，即1995年出版的《新三字经》，这本图书一经出版，就在全国掀起了一阵"三字经热"。随后，为了弘扬传统文化，服务和谐社会建设，高占祥又借《三字经》的高热，推出了《新三字经》，全文浓缩了人生哲理、社会经验，既讲辩证关系，又富有时代气息，既通俗易懂，又含有哲理，已经成为人生励志、进行思想教育的新经典。

3. 读者反馈法

读者反馈法，顾名思义，就是选题策划的灵感直接来源于读者的反馈。这个方法的切入点就在于追踪市场上的热点，分析时下正在畅销的图书，调查了解大众的阅读反馈意见，策划出与读者的反馈意见相契合的选题。

4. 经济实用法

不管任何类型、任何内容的图书，如果大众从价格上得到了实惠，觉得物超所值，那这本图书很快就会被收入读者的囊中。因为价格是影响消费者购买商品的重要因素之一，追求物美价廉是所有消费者最基本的消费心理，选题策划的编辑就应该以该读者特征为基础多下功夫。

经济实用法对于任何图书都适用，只是大众类图书跟读者生活中的衣食住行、休闲生活息息相关，其功利性阅读特征会更加明显，相对而言，其外在形式的美观与否没有那么重要，只要适用，可以满足读者所期许的某种功能即可。

这个方法策划的图书市场上不在少数，如健康保健类图书，其定价较为人性化；而烹饪类图书，更是采用小开本，图书装帧设计也没有文学类等图书讲究，所以定价相对较低，且其投放的地点不光是书店，还有各大超市，走进超市的每一位家庭成员都有可能为这简单实用又经济的一本小册子买单。

5. 学科交叉法

学科交叉法，又叫学科杂交法，是指不同的学科交叉所得的选题。这个方法的关键在于找出不同学科的交叉点。

这方面成功的案例也不在少数，我国著名美学家朱光潜先生的代表作《文艺心理学》就是文艺学与心理学交叉的选题成果。另外，《诗与画——唐诗三百首》也是文学与绘画艺术的结合品。

6. 独辟蹊径法

独辟蹊径就是要扩大大众类图书门类的差异，因为大众类图书门类众多，包括了饮食、建筑、旅行、美容、生活百科等在内。对于各出版机构来说，在进行门类选择时，最为关键的是坚守自己的阵地，适时选择合适的选题，不盲目跟风。

中国科技出版社引进出版过来自法国的"生活妙用"系列图书，其实这个系列的图书无非就是关于生活的柴米油盐酱醋茶，涉及生活中非常常见的一些东西。可是关键在于，它还讲述了在国外这些东西是怎样吃的，如何物尽其用的，与中国相比，有哪些经验可以借鉴，到底有着多少我们中国大众从未发掘出来的妙用，围绕着这些疑问点，最终策划出来推向市场的图书所获得的成效也是在策划者的意料之中的。

二、教育类图书的选题策划

在图书发展史上，教育类图书一直占领着较大的份额。而在图书市场日趋多元化、图书种类也日趋繁复多样的今天，教育类图书要立于不败之地，则需将选题策划置于不可忽略的重要位置。因为一本书的好坏取决于其内容，而内容则源于选题策划。教育类图书的选题策划有着自身的法则、方法与内容。只有做好选题策划，才能增强教育类图书在整个图书行业内的竞争力，也只有这样，才能推动整个图书出版市场繁荣发展。

（一）教育类图书的定义

教育类图书，顾名思义，是内容具有教育意义的一类图书。传统意义上的教育类图书包括各阶段、各层次的教材、教辅、教育研究及教师继续教育和家庭教育等系列图书。而今，随着教育和文化事业的发展，教育类图书也走向了多元化，而受众范围也越来越广。

如今，不论图书出版市场如何萎靡不振，教育类图书总是一枝独秀，永立枝头，这主要与社会与读者自身有着较大关系。

首先，随着社会经济的发展，教育文化事业也在多元化发展，社会对人才的要求促使人们通过教育类图书主动学习专业知识，提升自身技术水平。人们购买教材类图书也必然带动教辅类图书的销售。

其次，素质教育的发展也要求人们在吸取科学文化知识的同时，提升自己的人格修养，培养自身良好品德，进而充分适应社会发展对人才多样性的要求。例如，家庭教育在注重孩子学习成绩的同时也开始培养孩子对幸福生活及成功的正确认知。而工作中的人们要取得成功，升职加薪，也必须处理好团队关系，因此职场人员开始学习人际及社交的相关知识。教育类图书的细分填补了市场的空白，也让教育类图书的位置越来越重要。

（二）教育类图书的类别与原则

教育类图书大体可分为教材教辅类和家庭教育类两大门类。

1. 教材教辅类

教材教辅类图书，主要是指中小学教材教辅，是教育类图书中发行量最大的品种。全国几百家出版社中，大部分都是出版该类图书的，这类图书是出版社较大的利润来源。此类图书的出版对出版社有较大的影响。

另外，由于人民教育出版社的垄断地位被打破，国内多家出版社可承担教材教辅图书的出版，教育类图书的出版竞争日趋激烈。国家教育政策的变化、新课标的推广、各省份推行自主命题，以及国家倡导的素质教育等多方面的影响使得教育类图书市场被细分，消费者的要求也日趋多样化，以上诸多因素彻底改变了教育类图书的出版格局。

总之，教材教辅类图书的出版必须"去粗取精"，打造长效的教育类图书品牌，在帮助学生学习知识的同时，提升其综合素质，为其全面发展提供助力。由此，教材教辅图书选题策划必须遵循以下 3 个基本规则。

（1）严把质量关，创新品牌

教材教辅图书的出版情况现在来看在数量上远远超出市场需求，但是质量却是良莠不齐。有数据显示，随着教育教辅图书出版权限的放开，涉及教育教辅图书出版的出版社越来越多。但是由于跟风出版，教材及配套教辅图书都严重过剩，导致内容同质图书日趋增多。

在这种情况下，提高图书选题质量、优化图书选题结构、增强图书选题竞争力、创新品牌势在必行。陕西人民教育出版社出版的金星教育系列丛书，以及龙门书局推出的"双色笔记系列""三点一测丛书""疯狂英语"等都是教辅图书的著名品牌。

（2）紧跟市场需求，谋求多方支持

教材教辅跟其他图书有所不同，教材教辅类图书的出版经营不像其他的行业，其消费者并不一定是最终的使用者。教材教辅类图书的出版经营涉及家长、学校及教师的购买决策。所以要同学校教师、家长以及相关教育部门密切联系，争取他们的支持。

因此，在教育图书多如牛毛的现在，做好图书选题策划的原则之一就是应该谋求多方的支持，以适应教育市场的需求。

（3）个性化、系列化

教材教辅类图书的选题要品牌化，而个性化、系列化则是品牌化的衍生物，也是强化图书品牌的方式。再者，同质化的现象已然出现，为此，出版社需要个性化地设计选题，要有鲜明的思路、重点及风格。在原有的众多选题中独树一帜，避免出现雷同的选题，这样才能在读者的心中留下深刻的印象。

说到系列化，教材教辅类图书是最应该具有典型性的。教辅与教材配套出版，这样有助于学生系统学习知识，也有助于强化消费者对教育图书的品牌意识。

2. 家庭教育类

家庭教育类图书是指父母或其他年长者在家庭内自觉地、有意识地对子女进行的教育相关的书籍。由于望子成龙的家长也渴望跟孩子沟通，因此以指导家庭教育为主要目的图书成为国内一般教育图书市场的畅销图书，此类教育图书的选题策划原则如下所述。

（1）实用性

现在很多家庭的孩子中都是"10后"，由于社会多元化，家长和孩子沟通越来越难，而部分家长接受过高等教育，他们若是在教育中遇到问题，不但乐于通过书籍去探索方法，也乐于借鉴别人的经验。另外，有专家指出，现在市场上推出的大多数家庭教育类图书，内容千篇一律，同质化现象严重，而且提出的方法流于表面，无法从根本上解决问题，缺乏实际操作性。因此，为满足受众的需求并获得相应的经济效益，出版社应注意该类图书选题的实用性。

（2）针对性

家长不仅望子成龙，希望孩子提高学习成绩，更加深刻地认识到教育孩子如何做人的重要性。因此，家庭教育类图书要针对近年来中国家长教育思想的变化，有针对性地进行多方面的深入分析，介绍家庭教育的新思想、新信息、新方法，帮助中国家长培养孩子正确的价值观。

（三）教育类图书选题策划的方法

具有共性的一般选题策划方法基本适用于所有的图书类别，但是不同类别的图书在选题策划的过程中所用到的方法还是会有差异。教育类图书也会使用具有共性的一般图书选题策划的方法，但是教育类图书出版种类一直在不断更新，因此选题策划的方式在此基础上会针对这类图书进行调整。

在选题策划中，一些编辑会基于长期工作经验，逐渐形成定式的方法，其中有一些是适合于教育类图书选题策划的。

1. 查漏补缺法

查漏补缺法，顾名思义就是填补尚未有过的、市场缺乏的选题，一方面有可能在市场上从未出现的，是教育领域内容上的空白，另一方面是现阶段市场缺乏的。第一个方面例子较多，在这里举一个例子，作家出版社推出的《哈佛女孩刘亦婷：素质培养纪实》。2000年这本书一经推出，次年8月销量达到106万，长期高居新华书店排行榜上。因为此前各出版社全部都是围绕着中国传统的教育理念——如何提高学习成绩来策划选题，而这本书固然在讲中国母亲如何培养孩子的学习能力，让其进入哈佛学习，但是图书封面上，赫然写着"素质培养纪实"。这本书的成功在于搭乘了政府提倡素质教育这股热风，对市场进行了查漏补缺。所以一经推出，大受欢迎，家长固然先看到的是孩子能进入哈佛的希望，但是细细阅读完此书，感受到的应该是如何全面培养孩子的能力，国家推行素质教育的益处。这就是图书市场上从未出现的，出版社独辟蹊径，将教育内涵无限延伸后产生的新空间。

至于市场上的暂时缺乏，就必须依靠市场调查发现，一旦发现，则可以立刻组织出版，以期占得市场先机。譬如 2013 年 8 月 14 日，全国大学英语四、六级考试委员会发表声明，四、六级考试将从 2013 年 12 月起进行题型的"局部调整"。这个不仅让考生为之一怔，更让四、六级教辅相关的策划、出版机构有些措手不及。对于六七月刚上市的新产品的销量更是一种不小的打击。但是面对市场的重新洗牌，出版商家谁先策划出对路的选题，谁就将赢得市场的礼遇，增加自家产品在市场上的份额。上海外语教育出版社迅速启动对既有产品的修订工作，形成了从综合性训练到单项针对性训练相结合的新产品系列，包括四级考试模拟测试题集、六级考试模拟测试题集、1—4 级水平测试题集（4 本）、短文听写、段落翻译、长篇阅读、阅读理解等多种图书，各品种各有侧重，特色鲜明，相互补充。新书于 2013 年 9 月陆续推出，基本可以满足四、六级考生备考当年 12 月新题型的需要。新东方大愚文化传播有限公司针对此次四、六级考试改革推出了两套产品，分别是《大学英语新四级冲刺 5 套题》和《大学英语新六级冲刺 5 套题》。这就是针对市场上暂时出现的真空地带进行选题策划与出版。

2. 拿来主义法

拿来主义，就是引进国外有借鉴价值的图书版权并进行出版。改革开放以来，我们参考、学习、引进了不少发达国家的东西，其中大多数是有关技术、投资的，虽然图书版权引进也早有先例，但是鲜有听说引进教材的。这一背景下国内就有出版社走了这样本来没有的路，并使大量出版社效仿。

另外，家庭教育类图书，如少儿科普图书，对读者的年龄定位非常明确，产生了影响中国几代人的经典图书《十万个为什么》。但是也会有种类不齐全、品牌少、缺少经典等问题。近些年，我国引进家庭教育类图书的出版蓬勃发展，引进的图书不仅品类很多，而且在国内的销售成绩斐然。未来出版社引进出版了在英国非常受欢迎的儿童科学教育图书"看里面系列"。这个系列的图书互动性非常强，让孩子自己去探索隐藏在表象之下的科学秘密。引进图书不仅丰富了图书种类，繁荣了图书市场，还可以带动国内的创作，使我国的教育图书事业更上一个台阶。

3. 厚积薄发法

从出版功能来看，教育类图书积累文化及教育的功能是其他图书不可企及的。作为出版选题策划人，应该具有渊博的知识及开阔的眼界，时刻关注社会文化发生的细微变化，抓住社会大众关注的热点，开发其背后的教育价值，通过点滴积累，将之整合成一个完整的合成体，最终策划出对社会有独特影响的图书选题。这样一种策划方法就是"厚积薄发法"。

用厚积薄发这样一种选题方法，要注意以下几点：首先，要进行长期积累，始终跟随具有相类似文化价值的对象，要有深入的认知。其次，要对基本对象有自己的认知，不能盲目跟风选题，要有独特的切入点。最后，要有独树一帜的结构体系，因为经过长期积累的材料所具有的价值不排除先行出版、再次出版、内容大体一致的情况，要体现策划人的选题意图跟宗旨，就要重视内容的取舍、观念强调的轻重、表现形式的异同等。

红色经典《星火燎原》就是采用了厚积薄发策划方式，具有重要的教育功能和历史意义。《星火燎原》丛书是由毛泽东主席题写书名、500多位开国元勋撰写、解放军出版社出版的大型革命史料丛书，影响了中国几代人。《星火燎原》以百集的规模出版，分为四卷，记录了革命战争年代的重大事件、战役和艰苦生活，向读者传递了革命精神、奋斗精神和集体主义精神，弘扬了社会主义核心价值观。这部作品的出版，不仅丰富了文化艺术形式，还在教育和历史意义上产生了深远的影响，最终成为社会主义教育的重要组成部分。

《星火燎原》是中华人民共和国影响广泛的红色教育读物之一，其发展历程展示了其在革命历史教育和社会主义核心价值观传播中的重要地位。自2007年起，《星火燎原》陆续推出了多个版本以适应不同读者群体的需求，并获得了良好的市场反响。为了继续扩大这部红色经典的影响范围，让更多人接受革命传统教育意义，出版社决定采用连环画这一出版形式，因为连环画生动形象、图文并茂，也符合读图时代受众的需求。但是连环画这种出版形式的作品早远离了人们的生活，远离了图书市场，而且连环画创作异于文学创作，要求画面故事性强，有感染力。这需要有一定绘画功力的并且对原著有深刻认识的画家来进行创作。

但是最终这本连环画还是诞生了，出版社组建了五支由军史知识渊博、绘画功力雄厚、军史编辑经验丰富的作家、画家及编辑组成的创作队伍，并且在表现，风格及装帧设计上作出改变，体现了统一中蕴含变化的编辑意图。最终该连环画上市后，许多受众被其内容及形式的现代化吸引，大获成功。

4. 中心式发散法

中心式发散法，即出版社通常所说的光芒式发散，主要是由一个中心点出发，思维是由这个原点出发，向四面八方延伸开来，形成一个新的体系。其实这种方式在其他类别图书的选题策划中都运用过的。譬如金庸的小说《射雕英雄传》问世之后，就陆续出现了各种以《射雕英雄传》中配角为主角的图书，甚至出现了以续写大师作品而混迹书坛的作家，如令狐庸。其创作了《蛤蟆王欧阳老毒》《东邪黄药师前传》《大侠王重阳》——续写《射雕英雄传》，《神雕侠杨过后传》《愚侠黄裳传奇》《小东邪郭襄传奇》——续写《神雕侠侣》。这样就让整个《射雕英雄传》中大大小小的主角和配角都鲜活、立体起来了，形成了一个比较完整的体系。

其实，运用这种中心式发散法出版图书，要数教育类图书最为普遍。例如，我国外语教学与研究出版社，是我国出版英语教辅图书较为权威的机构之一，出版的教辅图书全面、立体，都是依照这样一种发散创新思维形成的教辅出版体系。该出版社策划了许多的英语读物，如《剑桥国际少儿英语》《新标准英语》（一至九年级）、《新编大学英语》《朗文中阶英汉双解词典》《英语写作教学与研究》等。这些图书从英语教材教辅出发，立体化地建立了囊括幼儿、小学、初中、高中、大学乃至成人自学教育英语读物体系，产品形式多样，有纸质读本、电子点读产品、电子词典、手机词典、苹果应用等。这种发散思维不仅让出版机构取得了良好的经济效益，也日渐在消费者心中形成了品牌效应，充分巩固了出版社在消费者心中的地位。

第四节 少儿图书的选题

一、细化目标读者年龄

以少儿读者为目标群体的图书选题策划，需要对目标读者年龄进行细化分层，并全面考虑目标读者（儿童）和购买主体（家长）的心理特点和需求。少儿读者的年龄段不同，心理和认知发展水平也就不同，因此需要根据年龄层次制定不同的策划方案。少儿的心理和认知发展是一个动态的过程，选题时需要考虑这种变化。例如随着年龄的增长，他们对于故事情节的复杂性和主题深度的需求会越来越高。需要根据不同阶段儿童的阅读能力和兴趣点选择合适的内容形式和题材。家长希望图书不仅能娱乐孩子，还要有教育价值，能够促进孩子的认知和情感成长，在购买少儿图书时，消费者往往更关注内容的教育性、启发性和适宜性，因此在策划时要考虑如何平衡教育和娱乐因素之间的关系，还可以通过加强图书对实际生活的指导意义来吸引家长购买。家长的文化程度、家庭教育观念和经济状况等因素也会影响他们的购买决策，所以需要在选题中考虑如何与家长的价值观和期望对接。另外，图画和文字的协调在低幼读物的策划中尤为重要，图画不仅仅是装饰，还需要有效地与文字内容相结合。与此同时，封面图像也可以吸引孩子的注意力，有助于在讲好故事的同时传达书籍的主题。优质的少儿图书不仅应当具备教育意义，还需考虑市场的接受度和竞争环境。因此，选题策划需要在教育性和商业性之间找到平衡点，以确保既能达到市场效益，又能对少儿的成长产生积极影响。作为一名少儿图书编辑，需要定期进行市场调研，收集读者和家长的反馈意见，了解他们的喜好和需求变化，准确把握市场需求和趋势，及时调整和优化策划方案，确保策划的图书不仅具备教育和娱乐功能，还能在市场上取得良好的口碑和经济效益。

二、内容要做到寓教于乐

少儿图书在内容设置上要将教育和娱乐融合，让孩子在阅读中既能获取知识，又能感受到愉悦。近年来，少儿图书市场迅速发展，主要得益于出版单位在内容和形式上的不断创新和完善。现代的少儿图书不再局限于传统的教育性文字，而是更注重通过故事、漫画、互动等形式，让知识更生动、更易于理解。例如，《瞬间领会的科学常识》这本儿童百科全书，通过漫画的方式介绍科学知识，不仅使知识更具体化，还能激发孩子们的兴趣和好奇心，从而增强他们的学习动力。另外，现代的少儿图书设计更加注重视觉和互动性，通常配有丰富的插图、互动元素或者跨媒体衍生品，这些都能吸引孩子的注意力，使他们更乐意阅读。少儿图书市场的成功也离不开出版单位对时代发展的敏感度。他们不断探索和研究少年儿童的心理需求和阅读偏好，以此为依据进行选题策划和内容创作，使图书能够与时俱进，也更加贴近孩子的生活和兴趣。作为少儿图书编辑，确保图书内容既具有教育性又能够令孩子感到愉悦是至关重要的。只有这样才能得到少年儿童的认可和家长的信任，从而促使该类图书在市场上赢得良好的口碑。

三、根据市场需求策划选题

在进行少儿图书的选题策划时，市场需求是至关重要的考量因素。在选题策划之前，进行全面的市场调研是必不可少的，调研内容包括分析当前市场上哪些类型的少儿图书受欢迎、哪些主题和题材有较高的销售额等。编辑还可以通过阅读市场报告、分析竞争对手的图书、观察媒体和社交平台上的读者反馈等方式来获取信息。少儿文学是一个重要的门类，在少儿图书市场中有着重要的影响力。以杨红樱创作的《笑猫日记》和《淘气包马小跳系列》为例，它们不仅在市场上取得了显著的销售成绩，还在文学作品的质量和影响力方面获得了大众认可。这些作品通过精彩的故事情节和深刻的人物塑造，为孩子提供了一个探索世界、理解自我的窗口，为他们的心灵成长和认知发展提供了有益的支持。少儿文学的兴起和繁荣，不仅能有效促进市场的发展，还在文学创作和儿童阅读教育方面作出了积极的贡献。但目前许多类型的少儿图书市场还存在较大空白，如原创动漫卡通书、科幻小说、侦探小说、武侠小说等。这些领域可能具有较大的发展潜力，有待进一步开发。与此同时，国外同类作品的涌入也提醒我们，需要关注国际趋势和全球化的竞争环境，借鉴国际成功案例的经验。少儿图书市场是一个动态变化的市场，选题策划需要随时调整和适应市场的变化。保持灵活性和快速反应能力是成功的关键之一。作为少儿图书编辑，要始终以市场需求为出发点，通过深入的市场调研和对行业趋势的把握，精准地策划出符合读者喜好和市场需求的优质图书，为少儿阅读提供丰富多彩的选择，推动我国少儿图书市场的持续繁荣发展。

四、做好少儿图书的品牌建设

品牌经营对于做好少儿图书出版事业至关重要。随着社会的发展和家庭教育观念的变化，少儿图书的需求也在不断变化，因此，出版社需要通过品牌经营来建立和巩固在市场上的地位，成为竞争中的优势力量。一部优秀的原创作品往往有着新颖的故事情节、创新的主题和独特的视角，不仅能够吸引读者，还能够让出版社与竞争对手之间产生明显的差异，从而成为出版社的标志性图书，成为品牌的核心和象征。品牌的建立意味着一部作品或一个系列有了深入人心的形象，在市场上的认知度和销售额将长期稳定，"哈利·波特系列"就是一个有名的例子，其英国版是布鲁姆斯伯里出版社的代表作品，帮助其建立了在少儿图书市场的权威地位。品牌经营不仅仅是少儿图书出版社的一种市场策略，更是其长期成功和发展的关键。在新书不断涌现的今天，一些旧书依然能够在少儿图书市场上保持其特殊的地位和影响力，如现在仍然广受欢迎的《小王子》和《爱丽丝梦游仙境》等。这是因为它们以深厚的文化背景、优秀的叙事技巧等受到读者长期的喜爱，形成了很长的品牌周期。家长还会把他们自己小时候喜爱的书籍推荐给孩子，因此，与成人图书相比，对少儿图书进行有效的品牌经营显得更为重要。总之，出版社在选题策划时应该更加注重品牌意识。只有建立并维护好自身品牌，出版社才能够获得更广泛的市场认可和长期的商业成功，为读者提供有价值的文化和教育体验。

第三章　图书的编辑工作

本章介绍了图书的编辑工作，分别有图书出版社编辑的工作任务、图书编辑工作面临的困难与机遇、图书出版中编辑的作用和重要性、图书宣传中编辑的作用和重要性。

第一节　图书出版社编辑的工作任务

一、选题策划

选题策划，就是由编辑提出出版创意。首先，选题策划需要考虑以下几个因素：出版社的实际情况、出版方向、专长、发行渠道等；图书市场的"风向"，就是掌握同类书的情况及目标读者群的情况；选题的可操作性，包括组稿的难度、出版时间的限制、编辑加工的难度、发行渠道的兼容度、宣传营销的难易度等。其次，做选题策划报告，主要包括选题名称、选题价值、时间安排、市场同类书的情况、作者的情况、市场预期、书稿特色、装帧形式、营销策略，有的也包括书稿内容提要、提纲及样张等。只有选题真正成熟且具有可行性及良好的市场前景，才有可能通过出版社的选题讨论会，进入下一步操作。

选题策划是一种高度理性的过程，为了最终选择的选题能够达成既定的目标和预期效果，需要进行深入的思考和分析，通过理性思维和科学方法来进行决策。图书策划就是指为达到预期目标，通过有所创新和计划，并进行良好的包装的过程。选题策划与市场策划都属于图书策划，是图书策划重要的组成部分。

要做好选题策划，最重要的是扎扎实实地完成以下工作：深入且细致地进行市场调查、准确地找准读者定位和选题特色定位、确定选题框架、物色最佳作者、参与选题写作提纲的拟定和审定、培训与指导作者写作（从图书策划和写作技巧角度）、在作者写作过程中积极做好稿件的"田间管理"工作等。选题策划应突出两个定位：读者定位和特色定位。

优秀的策划选题可以确保行业资源得到最有效的利用，也能够更好地贴合目标读者群体的需求和兴趣，从而在社会和经济两个方面都取得良好的效果。

（一）选题策划的基本步骤

1. 基础准备

图书选题策划是一件创意工作，而一件有价值的创意离不开大量的相关信息。收集信息应注意以下几点：

（1）选取有用信息

这需要编辑不仅要"眼观六路，耳听八方"，随时注意捕捉信息，更要求编辑能够筛选出对自己工作有用的信息——激发自身的职业兴奋点的信息。

（2）捕捉有用信息的方法

首先，经常逛书店，浏览书店的新书，特别是自己关注的门类的新书；浏览报纸、期刊里，特别是新书目录；注意电视、互联网上的信息。总之，要做一个有心人，一个选题的火花迸现出来，就要把它记下来，以备作进一步的市场调查。

其次，要有信息筛选能力，把每天所接触到的有用信息记录下来，制作信息卡片，以便自己能够随时调用。

2. 选题设计

第一，捕捉新的选题生长点。

第二，总体构思出版物（尽可能详尽、周密）。构思时应注意：该选题的价值何在，是否符合先进文化的前进方向；内容所涉领域有哪些新发展，其前沿和制高点在哪里；社会生活呈现出怎样的发展态势，它与选题有多高的契合度；社会的文化需求是什么，与选题特色关联如何，未来竞争力如何。

3. 选题论证

选题论证的目的，是凭借集体智慧，对编辑提出的选题从主旨、内容、形式、市场前景可行性、主客观条件等多方面做全方位论证，以决定选题成立与否或提出进一步修改和完善的意见。

4. 选题优化

根据论证意见、组稿等过程中的实际情况，对原有选题进行修改和完善。

（二）图书的设计与论证

1. 图书内容设计

图书内容设计指对图书主题的设计和体裁的设计。

（1）主题设计

图书的主题设计是构思出版物内容和形式的基础，它涉及选择未来出版物需要为读者提供的知识、思想和文化信息。主题设计要求对相应学科或领域内的信息内容进行梳理，明确哪些内容是目标读者群体需要的，从而将其纳入图书的内容范围。同时，需要根据读者需求的程度高低进行调整，保留需求程度最高的信息，适当缩减需求程度较低的信息，略去需求程度很低的信息。

在确定图书需要为哪些读者提供信息时，首先要进行市场调查，了解读者需求情况，确定拟策划选题的大致内容和读者对象，以及读者能接受的拟策划图书的价位。同时，了解市场上同类图书的情况，征求发行中心的意见，修正所策划选题的内容和形式。通过这些步骤，可以确保图书的主题设计符合目标读者的需求和兴趣。

（2）体裁设计

图书体裁设计确定标准主要包括考虑主题需要、读者需求、出版社需求以及作者需求等因素。在进行图书体裁设计时，首先应考虑的是主题需要，因为这直接关系到书籍的内容和风格。

不同体裁的图书有不同的尺寸要求。例如，诗集通常使用狭长的小开本，而理论书籍则常用大 32 开本，儿童读物接近方形开度，科技书籍需要较大的开本，画册则多使用接近正方形的尺寸。

版式设计在图书体裁设计中也非常重要。版式设计包括书稿的体裁、结构、层次、插图等方面的艺术和合理处理。版式设计应遵循美学和科学性原则，确保阅读舒适和视觉效果良好。

书籍装帧的基本尺寸也是确定标准的一部分。例如，A4 尺寸为 210×297mm，护封和封面的设计需要考虑书脊和封底的厚度等因素。

2. 图书论证环节

（1）方式

①一级论证：直接由全社选题论证会分析选题的价值、可行性、社会效益和经济效益，筛选选题，形成选题计划。

②分级论证：先组织编辑室论证会，进行初步筛选，形成部门意见，再提交全社论证会讨论。

（2）选题的优化

①使选题的清晰度进一步提高，可操作性进一步增强。

②根据市场变化，适时修改、补充、调整。

③还要不断努力提高选题的智慧含量。

选题优化是基于一定的编辑思想，由出版单位根据方针、本单位专业分工范围及出版资源条件，综合分析读者需求和市场情况之后，对设计采用的选题进行梳理和筛选后编制而成的。

二、图书的编辑

（一）组稿

组稿是发现、选择、组织作者完成作品创作的活动，是书稿编辑流程中的重要环节。

稿源是出版事业的关键。如果没有作者撰写的书稿，编辑审稿加工就没有对象，选题计划就无法实现。因此，完成选题计划之后，需要千方百计地开辟稿源，以期获得符合选题要求的书稿。

1.稿件来源及组稿方式

（1）自投书稿

图书出版后将在市场上公开销售，出版社出书的宗旨、范围和要求便就此为作者所了解，他们也会主动向出版社投稿。编辑绝不能轻视自投书稿，而要精心挑选，从大量的自投书稿中选出佳作和精品。这样既有利于扩大出版社稿源，还能从中发现人才，壮大作者队伍。

（2）推荐书稿

推荐书稿和自投书稿一样，不是出版社主动约请作者撰写的，但两者也有一定区别。推荐书稿是由有关机构、团体或个人把作者的书稿推荐给出版单位，不是由作者直接投来的。推荐书稿的质量高一些，采用的比例也大一些，有些推荐书稿可能是很有价值的书稿。

（3）引进书稿

引进书稿是出版单位通过著作权贸易或出版交流获取的书稿。随着我国实行对外开放政策，中国出版界与国际出版界逐步建立了广泛的联系，由此我国也在不断拓展版权贸易业务。而出版交流指有关双方交换使用出版权和翻译权。这两种方式逐渐成为出版单位获得书稿的重要方式。

（4）选编书稿

选编书稿是重要的集稿方式。编辑按照一定的编辑构思和编纂体例，从报刊上选编发表的文章和作品，整理、汇编已有的文献资料，汇编、选编、摘编已出版的图书。用选编的方式出版文集、选集、丛书、类书等，此举对文化的积累有重要价值。

（5）社会书稿

出版单位通过一定的媒体或其他传播手段，向社会公开征集稿件的方式，称为社会征稿。社会征稿多用于期刊的组稿工作。近年来，有些出版社也开始向社会公开征集书稿。这样既可以提前造势，也可以发现人才，保证书稿质量。

（6）个别约稿

编辑部根据选题计划直接约请作者创作稿件的组稿方式称为个别约稿。个别约稿是出版社的一项经常性的业务活动，一般结合选题工作进行。

总之，书稿来源和组稿方式多种多样；出版社和策划编辑应广开门路，从尽可能多的渠道获得所需要的书稿，以丰富自己的稿源。

2. 组稿程序

（1）深入研究选题

组稿工作主要是为特定的出版项目（如书籍、期刊、报纸等）寻找合适的作者，确保所选题材能够得到高质量的稿件并顺利完成出版。因此，编辑必须对选题有深入了解，包括其市场需求、价值以及与读者的相关性，向作者清晰地展示选题的吸引力和市场潜力，以提高他们的写作热情。另外，编辑还需要了解出版物的目标读者、质量标准、篇幅要求等，从而更好地向作者说明选题的设计和执行方案的合理性，确保他们相信自己能够胜任该选题。

（2）制定组稿方案

组稿之前还需制定具体的组稿方案。首先要确定负责组稿工作的编辑或团队，他们需要具备必要的组稿能力和丰富的组稿经验。其次要详细讨论组稿工作中的关键问题，如团队分工、交稿时间、出版计划、稿酬标准等，所有方面都需要充分考虑和协商，讨论过后的方案还得经过适当的审批程序，确保其得到顺利执行。最后还应考虑后续可能出现的问题并想好相应的解决办法。总之，编辑团队需要在组稿前充分准备，确保所有细节都得到妥善考虑和安排，并通过有效的沟通和规划，保证制定出来的组稿方案能够顺利执行。

（3）选择合适作者

选择合适的作者是选题成功的关键。根据书稿的性质和编撰要求，从可供考虑的作者人选中选择最适合的作者。有的出版社为了出精品，提出"一流选题，一流作者，一流编辑"的奋斗目标，这对于提高图书质量会有积极的促进作用。

（4）确定约稿关系

确定约稿关系不是编辑个人向作者表示约稿意见，而是出版社向作者正式约稿，因此既要把握时机，又要慎重。约稿关系最终以约稿合同的方式确定下来。约稿也可以采用口头或函件约定的方式，不签订约稿合同，多用于一般书稿或与出版社关系密切的作者的书稿。

（5）加强后期联络

作者同意承担书稿写作任务后，编辑还要就书稿写作问题和作者充分交换意见。编辑要说明出版意图和书稿写作的要求，然后听取作者的意见；或者对作者的写作计划和原稿提出意见，使之符合出版社的选题方向和出书要求。确定约稿关系后，组稿工作并未结束，编辑还要继续和作者联系，不断了解写作进度，随时帮助作者解决写作中的问题，督促作者按期交稿。

（二）书稿审读

1. 审稿的作用

审稿指审查阅读作者的稿件，它是编辑工作的一个重要环节。在交稿之前，稿件的写作由作者负责，编辑给予必要的协助；在交稿之后，对稿件的处理则主要由编辑掌握。编辑既是作者第一助手，又是稿件的第一个读者和评论者。编辑在组稿阶段，通常研究过作者提出的写作方案或提纲，也可能看过部分样稿，提出过修改意见，但全部书稿是否符合总体的设想和出版质量要求，还须经过认真审读才能确定。对于自投书稿更需要编辑严格审查才能知道其质量。

图书主旨是否符合国家法规和社会主义核心价值观，是否符合先进文化的发展方向，图书内容是否有学术或艺术价值，图书表现形式是否符合出版规范、适合消费者的需要、适应市场的要求，是决定该种图书能否得以生存以及生存期长短的主要因素。因此，审稿过程中的判断就显得特别重要。就组织的稿件而言，设计选题、选择作者、拟订提纲、讨论样稿等，还只属于编辑出版全过程的"前阶段"。在这个阶段，或是因为选题偏离方向、脱离市场，或是因为选择作者不当，都有可能出现偏差乃至错误。如果这些问题未能通过作者与出版者双方的互通信息及时地弥补或修正，审稿时仍然可以进行处理。

从决定稿件取舍这一点来看，审稿工作为文化传播把关的作用是两方面的：一方面发现好作品并保护它"出关"，另一方面为鉴别坏作品并阻止它"过关"。对于那些好作品或是基本方向正确却存在某些不足的作品，审稿者应该大力扶持，热情帮助，在肯定的基础上指出存在的问题，帮助作者予以补正；对于那些坏作品，审稿者应该坚决摒弃。

审稿不仅仅要对稿件进行评价与挑选，也要对那些有一定基础但还存在一些问题的稿件提出切实可行的修改方案，以帮助作者提高稿件质量。审稿是一项重要的工作，因为任何稿件都不可能是十全十美的，即使是名家的稿件，也并不一定能保证符合出版要求。只有通过审稿者的"挑剔"以及与作者的沟通，并经过作者的修改，原稿中的疏漏与偏差才可以最大限度地在加工整理之前得到修正，原稿的质量水平才有可能得到进一步提高。

2. 审稿要求

（1）对书稿的要求

审稿的基本要求是对书稿内容质量进行把关并作出评价，一般要从政治性、思想性、独创性、知识性、科学性五个方面严格要求。

①政治性：书稿的政治性指的是其内容必须符合党和国家的方针、政策、法律、法规，以及在政治、法律、思想、道德、社会影响等方面必须谨慎处理的问题。出版工作必须以马列主义、毛泽东思想、邓小平理论、"三个代表"重要思想、科学发展观、习近平新时代中国特色社会主义思想为指导，因此任何出版物都不得含有《出版管理条例》明确规定禁止出版物登载的内容，绝不能搞指导思想的多元化，政治思想的自由化。对腐朽文化、封建糟粕要坚决抵制。

②思想性：稿件的思想性指的是内容所反映的思想内容和思想倾向。稿件的思想性要求作品宣传唯物论和辩证论，推动培育和践行社会主义核心价值观，弘扬以爱国主义为核心的伟大民族精神等。在进行政治读物的审稿工作时，会对其思想性有着更高标准的要求。第一，所有政治读物必须遵守宪法和法律的规定，不得包含任何违宪内容，保证作品的合法性，体现作者的社会责任感。第二，政治读物的内容必须符合国家的政治宣传和教育方向。第三，政治读物的内容应该能对读者有积极的思想影响和文化教育作用。第四，政治读物的内容应当遵循社会主义道德规范和文明标准，保证作品的文化品质和社会影响的正面性。

③独创性：稿件的独创性是指其具有新颖、独特的观点、内容或表现形式，不是对以往类似作品的重复或模仿。独创性在文学、艺术、科学和技术等领域都是评估作品质量和影响力的重要标准，能够为其作者赢得良好的声誉并得到读者的广泛认可。

④知识性：稿件的知识性是评估其质量和影响力的重要标准之一。稿件具有知识性是指其内容所包含的信息、数据和知识准确、全面和有深度。一个具有高知识性的稿件不仅能够通过新的见解给读者提供有价值的信息，还能够对特定领域的学术进展或社会进步产生积极影响。

⑤科学性：稿件的科学性是指其符合科学研究或学术讨论的基本规范和标准，具有可靠性、逻辑性和说服力，也是评估学术研究或科技文献质量的核心标准之一。一个科学性强的稿件能够提高读者对其结论和观点的信任程度，为学术界和实践提供有益的指导和启发。

（2）对审稿人的要求

①坚持取舍标准。审稿人在审稿时应该有一定的取舍标准，以维护学术出版质量和学术评价公正性。审稿人需要评估稿件的学术质量和创新性，关注稿件使用的方法论是否严谨和适当、内容是否完整一致、语言表达是否清晰准确、格式是否符合出版规范等。另外，根据出版要求和相关规定，审稿人还需要从在政治性、思想性、科学性、知识性和独创性等方面对稿件进行较全面的评价。

②评价要客观、科学。审稿过程中的评价和判断必须是客观和科学的，这是保证学术出版质量和学术评价公正性的关键。客观性要求审稿人审稿时应避免带有过多的主观色彩，不应以偏概全，而应对稿件内容作客观分析和评估。科学性

则要求审稿人深入理解稿件的核心内容和潜在缺陷,避免仅停留在表面上的判断,在确保评价的深度和准确性。这样作出的评价不仅有助于维持学术出版的影响力,还能促进学术界的健康发展。

③操作规范:一般情况下,稿件需经过初审、复审、终审等程序,每个阶段都有明确的职责和要求。例如,初审编辑应对文稿的政治性、外在形式、内在质量等进行审查,并提出客观、科学的评价意见。因此,在审稿的过程中,为了便于后续的修改,审稿者要用红色的笔在原稿上进行修改。但要注意的是,不能在文字的上面进行修改,这样会导致稿面混乱、肮脏。审稿人应该根据相关要求,使用正确的修改符号,将修改意见写在空白处。对于有疑问的地方,可以使用铅笔进行标注,以便后期找出疑问并进行修改。在审稿工作完成之后,要将铅笔标注的地方擦拭干净,并且在审稿发稿时,稿件上不能有任何标注的内容。

3. 稿件质量评价方法

(1) 比较

比较是评价性阅读,是审读过程中经常使用的方法。读者看书一般只选读自己需要读或感兴趣的那一部分,而编辑为评价稿件,则须一读到底,之后再对重要内容或有疑问之处反复研读,直到得出结论为止。有比较才有鉴别,比较是编辑审稿所使用的主要方法之一。

(2) 分析

首先,要分析稿件的本质,看稿件主题是否与策划的选题相符合。其次,看稿件的主题是否清晰明确,内容是否切题,是否围绕选定的主题进行了深入探讨。再次,看稿件的论点或观点是否合理且逻辑严密,所引用的数据、文献和案例是否真实可信。最后,看稿件的语言表达是否流畅、清晰,句子和段落之间的结构是否合理等。

(3) 综合

概括稿件的主要优缺点,作出基本评价,确定取舍,需要编辑在比较、分析的基础上进行综合思考。综合思考最能反映编辑工作的特点和编辑水平。

对稿件作出准确、全面的评价是审稿的重点,因为对稿件处理是以此为主要依据的。评价不准确、不全面就会导致处理失误。准确和全面是不可分的。评价带片面性,就不可能是准确的;尽管评价面面俱到,但若不能准确指出主要的优缺点，那么也无助于作出正确决断，也不能帮助作者进一步提高作品的质量。比较、分析、综合是评价稿件所采用的基本方法，这些方法既有区别，又不可分割，常常是交叉在一起使用的，最后把比较、分析、综合的结果加以归纳，作出基本评价。

（三）编辑加工

1. 编辑加工范围

（1）内容加工

①完善观点。编辑加工首先要检查原稿有无政治差错，在观点及其论证上是否存在问题。如果有，要加以消除或修正。凡涉及党和国家的法律法规、方针政策、政治理论观点、民族关系、宗教信仰、统战工作、港澳台事务、对外关系外国国名（包括简称）的内容与地图中有关国界线的画法等，都要特别注意，以保证观点的完善和正确。

②订正差错。凡社会科学书稿中的史料，自然科学中的数字、公式、计量单位等方面均要严格核实，避免造成知识性差错。应对照原本或可靠资料改正原稿的错误，如订正事实、数据的差错。处理质量较差的译稿时，要逐字逐句对照原文改正译文的错误或不准确的译法，以保证内容的准确无误。

③核对引文。凡作者、书（文）名、出版者名、出版时间及页码等来源项标注不全或错误，以及引用文字或标点符号错误等问题，编辑要依照权威版本认真仔细核对引文，以保证引文统一及标注格式准确。

（2）文字加工

①提炼标题。书的标题最大的是书名，以下依次是编（部分）、章、节题等。标题的基本要求是准确（题文相符）、简短、醒目，文艺作品还要求生动、新颖，富有感染力。

书名是书的主题和特点的集中体现，总体以朴素简明为好。一般以不超过10个字为宜。书名太长，表达和引用均不方便。对于过长的书名，编辑应设法分出副题，以把正题缩短。

一本书需要几级标题，要根据书的性质、结构、内容复杂程度和读者对象来确定。一般图书以标题不超过四级为宜，为便于记忆和查找，教科书、工具书和大部头学术著作标题层次可适当增加。长篇的论述不妨增加小节划分，并加小标题以帮助记忆。

②调整结构。书稿结构的要求是整体内容具有逻辑性和系统性。书稿应该有逻辑明确的主线和伏笔，各个部分之间的过渡和衔接应该自然流畅，不同层次的结构单位之间的内容应该有充分的照应，并根据重要程度作适当的详略描写，以保持整体结构的平衡和完整。

③撰写和规范辅文。除了正文中的各种注释，图书中常常还包括相对独立的辅文，有些是作者撰写的，有些是编辑撰写的。加工整理时要像对待正文一样进行加工。

④润饰语言。润饰语言是编辑在尊重和保持作者原有观点、思路、论据和风格的基础上，对原稿进行适当的文字修改和润色，是对文章整体语言表达质量的提高和优化，能使文章传达的思想和观点更清晰、准确和有说服力。

⑤删节。稿件字数超过图书的篇幅限制，或文稿冗长臃肿、内容重复、同类材料太多，都需要压缩。将与主题无关或关系不大、表现力不强的材料删削后，使该稿件中心思想突出。稿件的压缩删节原则上应由作者自己来做，实际上常由编辑来做，不过这一行为需得到作者的同意。

2. 编辑加工步骤

（1）准备工作

编辑加工的准备工作是确保稿件可以得到全面、有效处理的关键。首先应该确保书稿内容完整，无缺页漏页；其次要查询之前的处理记录和审稿意见，包括社内外审稿人的反馈、作者的修改记录，以及出版社或主编的批示。对于存在争议或不明确的部分，可以与作者或出版社进行沟通和协商，确保双方对于书稿的处理方向和目标一致。

（2）粗读摸底

在进行编辑加工工作时，在粗读阶段可以先用铅笔进行标记和批注，而不是立即进行正式的修改。因为书稿的各部分都是相互关联的，只有在了解整体结构和内容之后，才能作出合适的修改。事先进行标记和批注，可以避免频繁地在书稿上修改，不然不仅浪费时间和精力，也会影响稿面的整洁与美观。

（3）通读加工

通读是对书稿进行深入和全面分析的关键。它要求审稿人从多个不同的角度审视文本，包括思想内容、政治倾向、科学准确性、艺术表现、事实依据、结构合理性、逻辑推理、语法规范、修辞手法和技术细节等方面。通读不是简单地从表面理解文本，而是要深入分析，挖掘出可能存在的缺陷或改进点。这种全面性分析需要审稿人具备批判性思维，能够对文本中的各个方面进行深入评估。审稿人需要在整个阅读过程中保持思维的连贯，有时甚至需要反复阅读同一段落或章节或者回顾已经阅读过的内容。

3.编辑加工的意义和原则

（1）加工意义

进入编辑加工阶段意味着一份稿件即将接受深入的文本处理，以确保其在出版后达到高质量的标准。编辑加工目标是优化原稿，使其符合出版要求并满足读者的期望。它不仅仅是文字处理和技术标准化的过程，更是确保作品内容、表达和形式达到高水平的关键，在整个出版链条中有着非常重要的作用，为作品的成功出版奠定了坚实基础。

编辑加工是在审稿的基础上进行的。审稿的基本任务是判断稿件是否可以接受出版，主要从大处着眼，不需要对所有的细节都进行深入检查。编辑加工则从小处着手，它的任务不是发现优点，而是改正缺点，主要目的是消除原稿在细节上存在的缺陷和差错。编辑对三审通过的稿件进行加工完善是一项具有重要意义的工作。第一，编辑需要确保稿件内容符合政策法规，不涉及敏感问题，没有政治风险。第二，编辑需要遵循出版单位的政策和指导方针，确保出版物符合其定位和宗旨。第三，编辑工作需要审视和确保稿件内容的思想正确、合理，不偏离社会主义核心价值观。第四，在学术出版中，编辑需要确保内容的学术严谨性和逻辑完整性。第五，编辑还要确保语言表达清晰、文字流畅，排版合理等。编辑通过精细且严谨的编辑加工工作，可以有效提高出版物的质量和影响力，为读者提供优质的阅读体验，也能让出版单位更好地赢得市场的认可。编辑加工是图书编辑费力最多的工作，也是编辑发挥创造性作用的好机会。好的加工，可以锦上添花，可以点石成金，甚至可以化腐朽为神奇。

（2）加工原则

①尊重作者。编辑在加工原稿时，应在不改变其基本观点的前提下，多提意见、多出主意，使原稿的论述更加充分和完善；同时要有学术的兼容思想，只要书稿的思想观点和表现形式等不违背党和国家的法律法规，没有政治性或思想性方面的错误，就要允许作者持不同的学术观点。对稿件的修改，要尽量按作者的

风格进行，避免将自己的习惯强加给作者，使作品风格不一致。

②不可不改，不可妄改。在编辑加工过程中，应该做到"四改四不改"。语法修辞不妥可以改，引文有误大胆改，根据出版需要的技术处理允许改，不符合国家标准与规范的内容必须改。对书稿的学术观点、主要内容、文章结构、语言风格不能改；对于可改可不改的内容，不改；对于可删可不删的内容，不删；必须修改的，一定要改好，保证文通字顺，使作者心悦诚服；修改较多的原稿，要请作者复阅，以免误解作者原意或造成科学性方面的错误。

③强调"文责自负"。"文责自负"指的是作者对作品的内容和表达方式负责，对作品的质量特别是对思想性和科学性负责。但编辑不能因为强调"文责自负"，就放弃编辑应尽的责任。编辑有义务从出版的要求和读者的需求出发，对原稿的不足之处提出积极的意见，帮助作者消除差错，提高质量。对于原稿存在的政治性、学术性错误，编辑应提醒作者及时修改，如果作者拒绝修改，编辑就要严格把关，拒绝出版。

（四）质量检查

1. 质量检查分类

（1）上机样检查

在图书临印前对图书的全部清样进行检查是确保出版质量的重要步骤，不仅是对之前编辑工作的监督，也是预防可能损害各方政治和经济利益的关键措施。如果在检查过程中发现问题，必须及时解决。

（2）图书成批装订前的样书检查

出版社有关人员要从总体上对装订样书的质量进行审核。若未发现问题，责任编辑、编辑室主任、出版单位领导应分别在样书上签字认可后，再由出版部门返还印制单位开始正式装订。

出版社需要对样书质量进行审核，这涉及多个环节和多方责任人员，目的是确保印刷品质量符合预期。如果在审核过程中发现任何质量问题，必须及时通知印刷单位并提出解决建议，如果审核确认无问题，就可以要求印刷单位进行最终的加工和成品制作。样书检查是对读者负责的表现，关系着出版社的声誉和形象。较之物质产品，精神产品更应严格把关质量，由此，也可增强之前诸环节的工作人员的责任感。

责任编辑应认真检查图书面封、底封、书脊、前后勒口、扉页、版权页、出版说明、前言、后记等部分出现的书名、作者名、出版单位名是否一致，有无差错。检查中国标准书号、图书在版编目、书名汉语拼音、版权说明和版本记录应记载的各个项目是否存在错误、遗漏。核对目录和书眉是否正确，与正文内容是否一致。检查付印样上的改动是否更改，有无出现新的错误。检查全书页码是否连贯，有无错装、漏装，有无缺字，图片是否倒置等。一旦发现问题，要采取一定的补救措施，如加布勘误表，重印有关书页，改变发行方式等。

（3）出书后的质量评审

为了减少损失，现在大多数出版单位把关口前移，在书稿付印之前，就由出版社质检部门先行质检。出版社建立职能部门对图书质量的监督管理机制。这里的职能部门主要指总编室和终审部或质检部，它们负责图书质量的全程监管，包括发排前的质检和分年或分月对出版的新书组织抽查审读。目的是严格把关，保证本社的图书质量。

（4）再版、重印图书检查

面对图书的再版或重印，责任编辑须根据样书检查和图书质量检查记录及作者修改过的样书，对图书进行检查。国内外形势的变化、政策的某种调整、学术研究的进展，图书引用材料的更新等都会要求对图书内容进行某些修改。图书内容要与科学技术发展和时代需要同步。在再版或重印图书之前，责任编辑必须对原始版本进行详细的检查和必要的修改，之后需要组织有经验的专业技术人员对图书进行审核，并撰写书面的审核意见，审核意见通过复审和终审，经过作者同意后，才能够进入下一步的程序。另外，即使内容不需修改，再版或重印仍需征得作者的同意授权，这是对著作权的尊重和保护。

2. 图书质量检查的范围

在评价图书商品的综合质量时，要同时评价图书的内在质量和外观质量。内在质量主要由精神劳动决定，包括思想学术文化价值、图书的结构安排、语言文字的使用规范性和表达方式的逻辑性、视觉辅助等；外观质量则主要由物质生产劳动决定，主要包括纸张的质量和印刷的技术、图书的装订方式和质量。

（1）内容质量

图书的内容质量是评价一本书学术性、文化性和实用性的核心指标，而内容质量主要指图书的思想政治科学文化内容的质量。

不同类型的图书有不同的要求和标准。例如，哲学、社会科学、自然科学类图书除了正确的思想和政治观点，还要求反映最新科学成果，确保材料真实可靠，逻辑合理；文学艺术类图书则注重艺术性和内容的积极健康性，要求作品具有艺术感染力和读者情感上的影响力。

影响图书内容质量的重要因素主要有以下六点。

第一，对于学术著作或专业图书来说，内容的学术性是首要考量。这包括内容的深度、广度、准确性、原创性和学术方法论的严谨性。图书作者的资质、研究方法以及引用和参考文献的使用都是评价学术性的重要依据。

第二，内容的逻辑性指图书内部各部分和章节之间的逻辑结构是否清晰、连贯，以及信息的呈现是否有条理。一个良好的逻辑结构能够帮助读者更好地理解和吸收知识。

第三，语言文字的规范性涉及语法、拼写、标点符号等方面的正确性和规范性。文字表达则包括语言的精练性、清晰度、生动性和表达力，这将直接影响读者的阅读体验和信息的传递效果。

第四，图书内容的原创性是指图书在某一领域或主题上的独特见解、新颖观点或创新理念。一本优秀的图书通常能为读者提供新的思维视角或独特的见解，从而丰富和深化读者对特定主题的理解。

第五，内容的全面性指图书覆盖主题的广度和深度，是否涵盖了相关领域的基本概念、重要理论和最新进展。对于读者而言，能够获取到全面和详尽的信息是评价内容质量的重要标准之一。

第六，优秀的图书应当能够准确把握目标读者群体的需求和期望，内容在信息量和深度上能够满足读者的学术、文化或实用性需求，并且能够与读者的背景和理解水平相匹配。

（2）文字质量

图书的文字质量是指图书中文字的使用是否规范、准确、清晰和具有表达力。好的文字质量应该符合以下几点要求：第一，语法使用正确，让读者在阅读过程中不会因为语言错误而分心，提高了图书的专业性和可信度；第二，文字应当清晰明了，避免表达模糊不清，简洁的语言能够帮助读者更快理解内容，增强其阅读体验；第三，优秀的文字应当能够生动地描述事件、场景或概念，引起读者共鸣，有趣的内容和生动的表达方式能够增强读者的阅读体验；第四，文字的语言风格应该适合目标读者群体，不同类型的图书可能需要不同的语言风格，如学术著作可能更倾向于正式和严谨的语言，而通俗读物则可能更接近日常口语；第五，图书中使用的词语应当准确表达作者的意图，并且符合上下文的语境，以免出现歧义，保证信息传递的准确性和有效性；第六，优秀的文字应当具有节奏感和韵律感，这涉及句子长度的变化、段落的分布及语言节奏的控制，让读者能够轻松地跟随内容的节奏。

加强对图书文字质量的管理和审核是确保图书内容和表达质量的重要措施。出版行政机关应当与专业人士共同制定详细的文字质量评估标准，在编辑、校对环节应当更加严格地审核文字质量，对出版社编辑和作者进行相关的培训和指导。另外，出版社应当保证图书中图片、图表有着较高的质量、准确性和清晰度，避免因质量问题而影响读者对内容的理解。

三、图书的整体设计

图书整体设计的核心是设计，而设计的核心是创意。创意则需思考图书的形式意味、视觉想象、文化意蕴、材料工艺等。图书整体设计是一种工艺性设计，也是一种功能性设计，还是一种艺术性设计。整体设计是对书稿内容、主题及包括塑造形象、动作、构图、色彩笔法、技巧等一切思想性和技法性内容的筹划过程。图书的整体设计要求在有限的空间里，把构成图书的各种要素——文字字体、图片图形、线条线框、颜色色块等，根据特定内容的需要进行组合排列，按照造型艺术的原理，把构思与计划以视觉形式表达出来。整体设计既要与书稿的内容、性质相匹配，又要与印刷工艺要求相适应。

图书的整体设计不仅关乎美感和创意，更关乎功能性和实用性。它通过设计者的构思和专业技术的支持，将抽象的想法转化为具体的、可传达和消费的实体产品，需要设计师、编辑、印刷商等多方面的专业人员密切合作，确保从设计到最终产出的每一个环节都符合高标准和高要求。

（一）图书的封面设计

设计图书封面是一项结合创意和市场需求的任务。

第一，书名是封面设计最重要的部分。应该选择清晰易读的字体和合适的大小，确保读者能够迅速识别文字信息，应该与图书内容和主题相关联，传达出书籍的核心概念或故事线索。

第二，选择能够吸引读者目光的图案、图片或纹样，确保其与图书的内容和读者的喜好相契合，整体色调应该与图书的主题和情感氛围相一致，不同的颜色可以传递不同的情绪和信息。

第三，封面材料应该具有足够的耐久性，以保护图书内页，并具有舒适的触感。不同的材料可以给封面带来不同的视觉效果，如哑光、亮光、纹理等，应根据整体的设计风格和目标效果进行选择。

第四，印后加工技术可以增强封面的视觉效果，如烫金、压纹、UV 涂层等。这些技术可以使封面在光线下更加闪亮或具有触感效果，提高封面对读者的吸引力。如果简单的加工效果可能已经足够突出封面，那么就不需要过度装饰。

（二）图书的版面设计

设计版面时需要综合考虑各个方面，确保版面整洁、易读，并与图书内容和风格相适应，以提供最佳的阅读体验和信息传递效果。可以根据开本大小来合理规划版心的大小和位置，图片的尺寸应该与版面的设计一致，扉页和附录的版面应该简洁清晰，与图书的主体内容风格一致；字体的选择应该与图书内容和风格相匹配，正文、标题、注释等部分的字体应有所区分；图片应该与周围文本内容相关联，且位置合理；注释应当清晰标示并易于查找，不应干扰正文阅读；不同字体的使用要谨慎，确保其与图书整体风格一致；目录和索引的设计应该方便读者快速查找信息，表格和公式的排版要清晰、准确，要与周围文本对齐；标题的断行应当遵循语义和逻辑，保持内容的连贯性；标题和重要内容的字体应该更大更醒目，但要与整体风格保持一致；如果设计采用了只有左边整齐的风格，右边应当尽可能地保持视觉平衡，可以通过合适的图片、边距和排版来实现。

在设计版面的时候，要想使其更具实用性，就需要注意以下 3 点。

1. 减轻读者的视力疲劳

人眼左右最大有效视角为 160 度，上下为 65 度，最适合眼球肌肉移动的视角左右为114度，上下为60度。所以，版式设计时，人的最佳视域应以100毫米左右（相当于27个10.5磅字）为宜。有实验表明，行长超过120毫米，阅读速度将会降低5%。

2. 顺应读者心理

让读者在自然而然的视线流动中，轻松、流畅、舒服地阅读图书的内容。

3. 诱导读者阅读

诱导读者阅读的手段有很多，如设计中对强调与放松、密集与疏朗、实在与空白、对比与协调、黑白灰及点线面的运用。

图书整体设计，包括图书外部装帧设计和内文版式设计。提高图书的整体设计质量，是提高图书质量的关键。因此，《图书质量保障体系》第十条规定："出版社每出一种书，都要指定一名具有相应专业职称的编辑为责任设计编辑，主要负责提出图书的整体设计方案、具体设计或对委托他人设计的方案和设计的成品质量进行把关。图书的整体设计也要严格执行责任设计编辑、编辑室主任、社长或总编辑（副社长或副总编辑）三级审核制度。"

图书整体设计中的外部装帧设计，包括图书形态设计、图书美术设计、图书表面整饰设计等。其中，图书形态设计包括图书开本的选择与图书结构部件、装订样式的确定，图书美术设计包括封面、护封、环衬、扉页、插页等的设计，图书表面整饰设计包括纸张、装帧材料的选用和相应表面装饰工艺方案的选择。树立正确的整体设计观念，是现代图书装帧艺术的重点。

（三）图书整体设计的基本要求

图书整体设计的基本要求可以总结为以下4个方面。

1. 整体性

整体设计必须确保设计风格、排版、图文配合等在整本书中保持一致，形成统一的视觉风格，增强读者的整体阅读体验。信息结构要清晰，包括目录、章节标题、段落标示等，使读者能够快速理解书籍的结构和内容组织。

2. 艺术性

整体设计可以通过合适的色彩搭配、字体设计、版面布局等，使图书在视觉上具有吸引力，增强读者阅读的愉悦感。设计时还应考虑版面的平衡性，避免信息过载或布局混乱，确保整体的美观性和审美价值。

3. 实用性

实用性首先要求整体设计时应该选择适合的字号、行距、段落间距等排版要素，确保文字清晰可读。其次要考虑读者的阅读习惯和需求，优化设计以提升阅读效率和便利性。

4. 经济性

整体设计要考虑印刷、制作、材料选择等成本因素，以便能够在预算范围内完成整本书的制作。同时在设计过程中要充分考虑对资源的有效利用，避免浪费和不必要的成本支出。

四、图书校对

校对在近现代图书出版中的重要性不可低估。古代的校勘学将其定义为改正书面材料上的错误，强调"多出善本、不出错本"的理念，这一优良传统对我国后来的出版工作产生了深远影响。

图书作为思想文化信息的载体，具有重要的传播和积累功能。图书不仅仅是文字和符号的堆积，更是将作者的思想、知识、感悟传递给读者的重要工具。在实现文化传播和积累的过程中，信息的"保真"至关重要。图书作为文化遗产的一部分，其保真性直接影响到文化信息的长期传承和认知深度。一部"保真"的图书可以将作者的思想和知识精确地传递给读者，并且为后人留下宝贵的历史文献和学术资料。与此相反，如果信息失真或残缺，那么它就无法真实地传播和积累文化价值，也就失去了历史和学术意义。

图书出版过程中的校对工作不仅仅是简单的勘误和错误修正，而是一种再创造的过程，旨在确保作者的原创作品在出版过程中得以完整、准确地呈现，同时也在一定程度上提高书稿的质量。首先，校对的一项重要任务是消除书稿在录排过程中可能出现的错漏。这包括检查拼写、标点、排版等方面的错误，确保书稿从作者手中的电子稿件到最终印刷文本的转换过程中没有遗漏或误差。其次，校对也涉及发现并修正书稿本身可能存在的错漏，这些错漏可能是作者创作时的错漏或者编辑加工过程中的疏漏。校对是图书出版过程中不可或缺的环节，直接影响图书的品质和文化价值的传承。

总之，校对工作确实是图书出版过程中的一个独立且关键的环节。其主要任务是根据原稿核对校样,发现并修正书稿中可能存在的各类错误,从而确保最终印刷出版的图书质量能够达到较高标准。校对工作不仅仅是技术性的操作,更是一项需要高度专注和较强责任心的创造性劳动,对于确保图书作品的价值和传播效果具有不可替代的作用。

(一)校对的基本方法

校对的基本方法有:对校法、本校法、他校法、理校法。这四种方法是古籍校雠的基本方法,完全适用于现代图书校对工作,因而也是现代校对的基本方法。

1. 对校法

对校法指的是比照原稿核对校样,通过对比文字、符号、图表、公式等内容的差异去发现并改正错误。在现代校对中,这一方法主要用来处理历史文献、重要文件或多版本的文学作品。

2. 本校法

本校法是一种传统的校对方法,其特点在于通过通读原稿,发现文本中的内在矛盾和错误,然后进行准确性判断,最终在校样上用铅笔标注出错处并提出改正建议。与文字加工不同,本校法专注于改正错误、补充遗漏、删除重复,并确保内容的一致性和准确性。校对人员不会进行文字的风格修改或润色工作。

3. 他校法

他校法的主要特点是依据其他书籍或权威资料来进行校对。校对人员在发现问题并且难以进行准确判断时,会查阅其他书籍,找到可靠的依据来判断,进行必要的修改。这种做法提高了校对的准确性和权威性,使得最终的校样更加符合专业标准。

4. 理校法

在校对过程中,校对人员有时无法找到可靠根据去解决某些问题,所以需要依靠推理能力来解决,这种方法就是理校法。

校对活动可以被描述为校对主体与客体之间矛盾运动的过程。在这个过程中,客体,即文本存在错误,校对主体则承担查找和改正这些错误的责任。只有当校对主体成功改正了文本中的错误,其查错和纠正目标才能实现,校对活动的矛盾运动才会终止。理校法通过推理判断解决校对中遇到的疑难问题,同时强调这种矛盾运动需要有效的制度和规范来保证校对工作的质量和效果。

(二）校对工作的特征

1. 三校一读及样书检查

"三校"指三个校次，"一读"即终校改版后的通读检查。由于校对客体差错的复杂性和出错原因的多样性，"校书如扫落叶"，校对活动不可能"毕其功于一役"，必须投入必要的校对工作量（校次）。"三校一读"是《图书质量保障体系》规定的必须坚持的最低限度的校次；重要书稿和校对难度大的书稿，如经典著作、文件、辞书、古籍、学术著作、教科书及教辅读物等，还应增加校次。作者校对、编辑校对不能顶替校次，交给他们校对的校样是"副样"，"正样"仍由校对人员校对，三个校次都必须由经过专业训练的校对人员来完成。计算机校对如果使用得当，可以顶替一个校次。三校改版后打出的校样，不能算作付印清样，还必须进行一次通读检查，通读检查后改版打出的校样，才能算作付印清样。

为了保证校对的质量，凡遇到如下情况之一的校样，校对人员有权提出增加1~2个校次：①初校样的差错率超过15/10000的；②编辑发排的书稿没有齐、清、定，而在校样上修改的页码超过1/3的；③终校样的差错超过3/10000的。增加校次的决定权归属于专业校对机构。

样书检查，指图书成批装订前先装订几本样书分别由责任编辑、责任校对检查，经检查确认无误后，方能成批装订出厂。

2. 校对主体多元化与专业化相结合

现代校对的特征之一，是校对主体多元化与专业化相结合。所谓主体多元化，是指作者、编辑和专职校对人员共同参与校对，还有社外人员参与校对活动，从而形成校对主体群。作者校对属于自校，编辑校对属于半自校。它们共同的优势是：对书稿内容的把握，对相关知识的熟悉。共同的劣势是：因习惯性阅读，难以感知个体字符的差异；因思维定式，往往对差错"熟视无睹"。社外校对人员，技术、经验、心态和责任心一般不如社内专职校对人员。因此，校对主体多元化必须与专业化相结合，并且以社内专职校对人员为校对主体的核心。所谓以社内专职校对人员为核心，有三层意思：其一，出版社必须建立专业校对机构，对全社校对工作进行统一组织和全程监控；其二，出版社必须配备足够的专职校对人员（编校人员配备的科学比例为3∶1，不应少于5∶1），并由专职校对人员担任责任校对；其三，必须由中级以上职称的校对人员或工作认真、经验丰富的其他校对人员来做三校，把好终校关。

3. 集体交叉校对与责任校对相结合

现代校对的特征之二，是集体交叉校对与责任校对相结合。集体交叉校对，是指由不同职级、不同专长的校对者分别负责不同校次的校对，一般不得采取一人包校的做法。集体交叉校对可以避免一人包校的知识局限和反复校读导致的对差错的"熟视无睹"，有利于最大限度地消灭差错。同时，集体交叉校对还是一种相互检查、相互监督的有效方式。但是，集体交叉校对也存在不足，主要是校对者对差错的认定不会完全一致，大部头书稿分章集体交叉校对，还会造成版面格式处理的不统一。因此，在集体交叉校对的基础上，还必须实行责任校对制。责任校对是指校对工作的总责任人和总协调员参与校对全过程，负责终校或通读检查（通读检查也可以由责任编辑承担）以及文字技术整理，协助责任编辑解决校对疑问，并最后核对付印清样。责任校对应在书名页上署名，自身以示对校对质量负责。

4. 校对质疑与编辑排疑相结合

校对质疑、编辑排疑是现代校对的基本形式。校对人员的校对，不同于编辑的文字加工，两者有质的区别。校对的任务是改错，即通常说的清除硬伤，不做篇章布局调整、思想内容提升和文字润色的工作。对于明显的错字、别字、多字、漏字、错简字、错繁字、互倒、异体字、旧字形、非规范的异形词、专名错误、不符合国家规范标准的标点符号用法、数字用法、量和单位名称及符号书写，以及不符合设计要求和规范的版面格式，校对人员都应当予以改正，但改后须经责任编辑过目认定。

发现了语法错误、逻辑错误以及事实性、知识性、政治性错误，校对人员无权修改，只能用灰色铅笔标注表示质疑，并且提出修改建议，填写"校对质疑表"，连同校样由责任校对送给责任编辑排疑。责任编辑应当认真地对待校对质疑，虚心采纳正确的修改建议。对于认定的修改建议，用色笔圈画表示照此修改；对于不拟采纳的修改建议，则打×表示删去（不要用色笔涂抹，保留校对质疑笔迹，以备需要时检查）。要建立激励机制，鼓励校对人员质疑。校对员质疑经责任编辑认定后，应当给予质疑者适当奖励，其"校对质疑表"应当存入个人业务档案，作为考察校对人员业务水平、晋升专业职称的依据。

(三)校对的基本功能

校对的基本功能有两种,分别是校异同和校是非。这是由校对的性质决定的。"校对"是个集合概念,包含着"校"(校是非)和"对"(校异同)的双重含义,应当全面地认识和实现校对的功能。

"校异同"的要旨在"异同",是指将校样跟原稿逐字逐句比照,通过查找两者异同的方法,发现并改正录排错漏。其功能:保证原稿不错、不漏地转换成印刷文本。

"校是非"的要旨在"是非",是指通过对原稿内在矛盾的是非判断,发现并改正原稿可能存在的错漏。其功能:弥补编辑工作的疏漏,使书稿趋于完善。

校对的两个基本功能,同样重要,不可偏废。不校异同,则不能保证作者的劳动成果准确而完整地转换;不校是非,则不能发现并处理作者创作和编辑加工的疏漏。偏废校异同或者偏废校是非,后果是一样的,都会造成谬误流传,损害作者,贻误读者。

传统校对以校异同为主要功能。传统校对有两个客体:一个是加工定稿后的编辑发排文本,通称"原稿";一个是依据原稿排字拼版打印的样张,通称"校样"。校对的首要任务是将校样与原稿逐字、逐句比照,检查两者的异同,发现了"异",即校样上与原稿不同之处,原则上依据原稿改正校样。这样做的目的是消灭排字拼版过程的错漏,保证排版与原稿完全一致。在此基础上,再进行通读检查,若发现原稿可能存在的错漏,需要以质疑形式向编辑提出。

校样上可能存在 5 类差错:①作者录入差错;②作者写作差错;③编辑错改;④排版人员修改书稿时的漏改、错改;⑤版式转换过程中可能发生的内容丢失和错乱。这五类差错除第 4 类、第 5 类差错可以用核红、对校法发现外,均以是非形式隐藏在校样的字里行间。校对主体实际上是进行"无原稿校对"操作,通过是非判断发现差错。"校是非"上升为校对的主要功能。

现代校对的校是非,有 5 个方面的任务:①发现并改正常见错别字;②发现并改正违反语言文字、标点符号、数字、量和单位等使用的国家规范标准的错误;③发现并改正违反语法规则和逻辑规律的错误;④发现并改正事实性、知识性和政治性错误;⑤做好版面格式规范统一的工作。总之,凡是非录排造成的、用机械比照发现不了的差错,都属于"校是非"的范畴。

图书质量保障体系有两个主体：编辑和校对。编辑清源，校对净后，共同构筑图书质量保障体系。上述"校是非"的任务①②⑤是校对人员的职责，③④两类错误，本应在编辑加工过程中予以消灭，因而不应让校对人员承担责任。但要建立激励机制，鼓励校对人员发现这两类错误，并以质疑的形式向责任编辑提出改正建议，以求达到消灭一切差错的目的。

要树立现代校对工作的理念。现代校对工作不能只"对原稿负责"，而应成为"编辑工作的必要延续"，负起协助编辑"把一切差错消灭在图书出版之前"的责任，即在消灭录排差错的基础上"校是非"，发现并改正原稿可能存在的错漏，从而发挥"对编辑工作的补充和完善"的作用。校对工作者必须与时俱进，树立"对读者负责，对社会负责"的现代校对理念。

（四）校对的原则

第一，校对稿件要忠实于原稿，依据原稿逐一核对校样。

第二，注意发现原稿在撰写或编辑加工中的遗留问题，如要修改原稿，应与编辑联系。

第三，差错率应控制在万分之一以下，标题、书眉、人名、地名、封面等重要部分要严格避免发生错误。

第四，正确使用校对符号，改校处要勾画清晰、醒目。

（五）校对的基本工序

校对由初校、二校、三校、誊样、核红、通读、技术整理和对片/对蓝样等基本操作工序组成。某些工序需依次进行，某些工序可穿插进行。其中，需要依次进行的校对操作基本工序是初校、二校、三校、通读和对片/对蓝样。初校也称"一校"是对排版单位初次送出版单位的校样进行的第一次校对。二校是指对一书刊校样的第二次校对，即依据原稿核对校样、订正差错，消灭一校可能遗留的差错。三校是指对一种书刊校样进行的第三次校对。三校应消灭初校、二校可能遗留的差错。通读是指脱离原稿审读校样。通读的主要任务是校是非，兼顾校异同。对片是指在采用传统胶印制版、印刷工艺条件下，将排版单位输出的胶片与付印样或付印清样进行校对。对蓝样是将蓝样与付印样或付印清样进行核对。

(六)校对的主要内容

(1)检查封面、版权页、目次页上所著录的项目是否齐全、正确和规范。

(2)消除一切错字、别字、多余字,以及字体、字号的错误。

(3)消除标点符号的错误。

(4)检查外文字母、量和单位符号的字体,字号,文种,大、小写和上、下角标是否正确。

(5)检查图、表、数学式、化学式是否有文字或符号的错误,它们的内容与行文中提及的是否吻合,版式是否符合要求。

(6)检查外文单词,数字及数字与符号的组合的转行是否符合规定。

(7)检查注释和参考文献序号是否与正文所标注的一致,参考文献的著录格式与项目是否齐全、正确和规范。

(8)检查全书的页码是否连续,数学式、插图、表格的序号是否连续,与行文中提及的是否相符。

(9)检查全书的标题层次是否合理,标号是否连续;文题、篇首页页码和作者姓名及次序是否与目次页上一致。

(10)检查居中接排、空行、顶格、缩格、正线、反线等版式上存在的问题。

(七)校对的目的

校对是保证图书或杂志质量的重要环节,是对编辑工作的延续和补充。校对必须高度负责,认真细致,树立严谨周密、一丝不苟的作风。校对应根据原稿核对并清除校样上的差错,改正稿件在政治思想上和科学性上遗留的不准确的提法和词句,清除语法修辞上的差错,清除错别字,尽可能地消除任何疑点。

(八)校对人员的基本要求

在当下市场经济的大潮中,校对人员要秉持不为物欲、名利、金钱所左右,以及不功利、不浮躁,甘于平凡、甘于奉献的精神,诚实做人,踏实做事,不断提高自身的修养和职业素质。在业务上要具备"六心",即初心、专心、用心、耐心、虚心、有心。

1. 初心

《华严经》中有一句话,"不忘初心,方得始终"[①],意思是说,一个人做事,要始终保持最初的信念,不被外界的诱惑所干扰,不被困难所羁绊,才能获得成功。作为校对人员,应该不忘却当初任职时的信念,不断克服工作中的困难,抵制社会中的诱惑,不忘却开始时的坚持与信仰,不忘却困难时的责任与担当,不会因为走得太远,而忘却自己的出发点。在工作中,应不断磨炼自我,踏实做好本职工作。

2. 专心

校对人员在校对、整理稿件的时候,要保持专心致志、一丝不苟的工作态度,不为周围嘈杂的声音所干扰,不因一时的疏忽大意,忽视错字、错词,造成工作失误。

3. 用心

对工作要一心一意,用心体会。为图快,做事浮皮潦草,干事情不深入,是工作中的大忌。应咬文嚼字,用一双"火眼金睛",发现文稿中存在的显性和隐性差错。在工作中要勤问、勤查、勤记、勤于思考,总结出适合自己的工作方法,使工作做得又快又好。

4. 耐心

校对过程是重复、繁杂、琐碎的,有时顾及不到,就会出现差错,特别是在急件多、周期短,周期与质量有冲突的情况下,校对人员更应去除焦躁,放平心态,将质量放在首位,坚持三审三校的出版原则。当发现问题时,要不怕麻烦,认真、耐心地提出自己的疑问,让编辑与作者及时处理。

5. 虚心

常保持一颗虚心向学之心,对校对工作是十分有益的。当下知识更新速度快,专业性图书时效强,在校对工作中,校对人员经常会遇到不懂和不会的内容,这时候就应该保持谦虚的态度,向他人请教,这样不但可以快速地解决问题,还可以丰富自己的知识,提高自己的素养,并增进同事之间的感情与友谊。

---

① 顾易. 汉字根族大系 汉字中的人体世界[M]. 广州:广东人民出版社,2023:151.

6. 有心

在校对工作和平时的生活中，应成为一个有心人，善于观察生活中的事物，把生活作为最好的老师。例如，日常多阅读报纸、杂志，积极收听新闻广播，收看"中国古诗词大会""汉字听写大会""中国成语大会"等相关的电视节目，并从中汲取营养，不断提高自己的文化素养，做合格的校对工作者。

（九）校对工作的根基

有人将校对人员比作"杂家"，也有人认为校对人员应该是文字规范的"专家"，通俗一点来说，校对人员的大脑更像存储知识的杂货铺。在知识的杂货铺里，文史哲、数理化、科学技术，古往今来，五花八门，无所不包。一旦开始工作，就可以将头脑中的知识随时提取出来，不用时，也能将头脑中的知识分门别类地存储，形成属于自己的知识体系。校对人员在平时也可以多阅读书籍，多增长知识，将工作中学到的新知识，及时补充到头脑中，不断丰富自己的知识，这是做好校对工作的基础。

在形成自己知识体系的同时，校对人员应该多留心文稿中的差错，多积累一些文化知识。例如，文稿中有时会出现将建筑大师童寯写成童均，将明朝的嘉靖写成清朝的嘉庆等，这些都需要校对人员通过平时的知识积累，发现其中的差错，做到"锱铢必较"。

我们在工作中也会遇到各种问题，除了要动用自己的知识储备，也应该勤查字典，熟悉并掌握出版工作中要用到的数字、文字、拼音、标点符号等规范要求，善于运用互联网等多种手段，这对解决工作中的问题大有帮助。

（十）校对人员具有的两种能力

1. 与人沟通的能力

校对人员通常需要在发现逻辑错误、语法问题或者表达不清晰等问题时，向编辑或作者提供反馈和建议，这就要求他们在尊重和理解作者意见的同时，能够以恰当有效的方式表达自己的观点。另外，校对工作是对稿件进行修改完善，但是不能改变作者的原意，所以需要校对人员仔细斟酌用词用句，以确保修改过的部分既无新的错误又能和作者的意图保持一致，同时在作者提出疑问时能够进行有效沟通。因此，校对人员要培养与人沟通的能力。

2.勤于思考的能力

校对工作强调细节和精度，校对人员需要长时间集中注意力，找到并改正各种错误。这个过程能够增强他们发现问题和思考解决办法的能力。另外，在校对过程中，校对人员需要评估文字的逻辑结构和表达清晰度，在评估的同时思考如何优化句子结构、提升段落逻辑，以确保读者能够轻松接受和理解书籍的内容。

作为出版工作中的一员，校对人员基本素质的提高，对精品图书的出版作用不可小觑。"人才兴，则国家兴；人才旺，则行业旺。"行业和国家的发展，离不开人才的作用。我们应该用心思考，用心体会，不断提高专业素质，为出版行业的发展贡献自己的力量。

第二节 图书编辑工作面临的困难与机遇

一、图书编辑工作面临的困难

（一）目标读者群体的大量流失

在当下这个日新月异的新媒体时代，数字化已成为一个不可忽视的重要特征。无论是信息的获取、传播，还是文化的交流与传承，数字技术都发挥着举足轻重的作用。特别是在文化传播领域，基于数字技术的各种传播方式已成为广大读者主要选择的阅读媒介。这种趋势的兴起，不仅使得数字图书在读者群中的受欢迎程度逐渐上升，也深刻改变了人们的阅读习惯和方式。

随着科技的不断发展，智能化产品已经深入人们生活的方方面面，从智能手机到平板电脑，再到各种智能穿戴设备，人们已经习惯了使用这些设备来获取信息、娱乐休闲。这种习惯的改变也反映在阅读上，越来越多的人开始倾向于使用电子阅读器来阅读书籍。与传统的纸质图书相比，数字化图书具有诸多独特优势。数字化图书可以随时随地阅读，不受时间和空间的限制。数字化图书的存储和携带也更为方便。传统的纸质图书需要占用大量的物理空间，而数字化图书则可以通过云存储等方式进行保存，不仅节省了空间，还可以避免因丢失或损坏而造成的损失。通过数字技术，图书可以加入音频、视频、动画等多种元素，使得阅读过程更加生动有趣。

正是由于数字化图书的独特优势，使得它在传播广度和效率方面明显领先于纸质图书。数字化图书的兴起给纸质图书市场带来了一定的冲击。随着人们阅读习惯的改变和数字化图书的普及，纸质图书的销售量逐渐下滑，市场份额也在逐步减少。

（二）图书编辑审核功能的弱化

在传统的出版系统中，编辑不仅是图书作者与读者之间的桥梁，更是图书质量与价值的守护者。他们凭借深厚的专业知识和丰富的工作经验，对图书作品进行细致入微的内容审核，并根据需要进行恰当修改。在这个过程中，编辑不仅确保了图书内容的准确性、科学性和可读性，还通过修订和完善，提升了图书的整体品质。编辑在审核图书内容时，会特别注意主题的明确性、逻辑的严密性以及内容的真实性。他们会仔细阅读每个章节、每个段落，甚至每个句子，以确保信息可以被准确无误地传递给读者。同时，他们还会关注图书是否符合国家政策和行业规范的要求，从而确保图书内容健康向上，能够向读者传递正确的价值观。

然而，随着新媒体的兴起，图书作者与读者之间的互动方式发生了翻天覆地的变化。如今，读者不再是被动的接受者，他们可以通过各种渠道表达自己的阅读需求和意见。这种变化使得读者拥有了更多的话语权，也对图书的内容和形式产生了更大的影响。在这种情况下，图书编辑的审核功能逐渐减弱，导致他们的专业能力和重要性得不到充分体现。

（三）图书编辑的职业危机日渐加重

新媒体时代的到来给图书编辑行业带来了前所未有的挑战和冲击。在这个数字化、信息化的时代，传统纸质图书编辑面临着更大的职业危机。一方面，数字化出版和阅读的盛行，冲击了传统纸质图书编辑行业。随着科技的进步和新媒体平台的不断涌现，人们越来越倾向于通过电子设备进行阅读，而不再局限于传统的纸质书籍阅读。这种转变使得纸质图书的销量逐渐下滑，从而影响了图书编辑的职业发展。他们开始感到迷茫，认为自己的职业道路充满了不确定性，导致其逐渐失去工作热情。

另一方面，在数字化时代，人们的阅读方式发生了巨大变化。他们不再仅仅依赖于传统的书店或图书馆来获取图书资源，而是可以通过各种新媒体平台、社交媒体、在线书店等渠道随时随地获取所需的图书资源。这种阅读方式的转变使得纸质图书编辑面临着更大的挑战。他们不仅需要关注图书内容的质量和创新性，还需要掌握数字化编辑技能，以便更好地满足读者的阅读需求。然而，由于许多图书编辑缺乏这方面的技能，他们无法有效地适应这一变化，因此面临着更加严峻的职业危机。

（四）专业技术型人才不足

在图书出版编辑领域中，图书编辑具有举足轻重的地位。他们不仅负责着图书从策划到出版的全过程，还承担着提高图书质量、进行内容创新及提升读者体验的重要责任。然而，随着数字化时代的来临，图书编辑的工作也面临着新的挑战与机遇。图书编辑在编辑工作中需要进行深入的市场研究，他们需要整理各种与图书有关的信息，分析读者的喜好和市场需求，为图书的策划和定位提供有力的依据。同时，图书编辑还需要负责图书的营销和推广活动，通过各种渠道宣传和推广图书，吸引读者的注意力并促使其购买图书。要完成这些工作任务，图书编辑需要具备高水平的专业素养和专业能力，他们需要具备扎实的文学功底和编辑技能，能够准确判断稿件的质量和价值，并对其进行精细的修改和完善。此外，他们还需要具备敏锐的市场洞察力和营销策划能力，能够根据市场需求和读者喜好制定相应的营销策略，提升图书的市场竞争力。

然而，当前许多出版机构都面临着图书编辑专业技术不足的问题。一些编辑在专业素养和专业能力方面存在不足，难以胜任图书编辑的工作。此外，随着数字技术的不断发展，图书编辑也需要具备丰富的数字出版知识和较高的策划能力。然而，许多图书编辑由于能力有限，对各种新技术的掌握程度不够高，无法有效地利用数字技术进行图书编辑工作。一些图书编辑在工作中仅仅将图书从实体形式转换为数字形式，而没有对图书内容进行创新，无法满足读者的需求。此外，许多图书编辑仍然过度依赖传统的营销手段，对于新兴的营销策略了解不够，从而影响了营销工作的开展。在这种情况下，即使图书本身质量上乘，也难以在激烈的市场竞争中脱颖而出。

（五）数字出版的产生与发展

随着互联网的迅猛发展，数字出版崭露头角，对传统纸质图书出版业造成了前所未有的冲击。数字出版的兴起，既是全球信息化发展的必然趋势，也是读者阅读方式变化所带来的必然结果。这一变革不仅改变了出版业的格局，更推动了出版观念的全面转变。

数字出版，顾名思义，是利用数字技术处理内容并通过互联网传播数字内容产品的现代出版方式。相较于传统出版方式，它具有诸多显著特点。首先，在内容制作方面，数字出版实现了从纸质到电子化的转变，使得内容更加易于编辑、修改和存储。其次，管理方式数字化，使得出版流程更加高效、便捷。再次，产品呈现数字格式，不仅方便读者随时随地进行阅读，还提供了更加丰富的阅读体验。最后，传播渠道全面网络化使得数字出版物能够迅速覆盖更广泛的受众群体。

数字出版的产品丰富多样，包括电子书籍、数字化报刊、网络原创文学、在线教育资源、数字化音乐、网络动画、虚拟游戏、数据库资源以及手机出版物等。这些产品通过有线互联网、无线通信网和卫星网络等渠道进行传播，使得信息的获取和传播变得更加快速和便捷。

数字出版之所以能够在短时间内迅速崛起，得益于其巨大的容量、便捷的搜索功能、快速的传输速度、高度互动性、低成本和环保等特点。这些优势使得数字出版成为出版业的重要战略性新兴产业和发展方向。网络出版通过编、印和发这三个环节，利用计算机网络进行发布、记录、存储和阅读信息。它不需要依赖实体介质来保存信息，而是以电子信号编码的方式在虚拟环境中存储、呈现和传播信息，从而实现了"无物流"的传播和发行。

数字、网络出版结合了现代高科技，保留了传统出版的特点：一是速度快。使用计算机写作可以立即发布所写内容，读者只需几秒钟即可根据个人喜好将内容保存在电脑硬盘上或打印到纸上。这种即时性使得信息传播更加迅速，满足了现代人快节奏生活的需求。二是容量大。网络是一个无穷无尽的信息资源库，用户可以通过访问不同网站，随时浏览世界各地的图书馆、影视中心，获取他们想要的文字、图片、音频和视频等内容。这种丰富的资源使得网络出版能够满足不同读者的多样化需求。三是成本低。与传统出版相比，网络出版改变了出版流程，简化了出版环节，从而降低了出版成本。这使得更多的作者有机会将自己的作品推向市场，促进了文化的繁荣和发展。

数字出版和网络出版对传统出版的影响是全面且深远的。它们不仅改变了出版业的格局和运作方式，还推动了出版观念的转变。传统出版商需要积极拥抱数字化和网络化的发展趋势，不断创新和变革，以适应新时代的挑战和机遇。

对于编辑工作而言，网络出版的影响尤为显著。在数字化时代，每个网站都可能充当一个出版机构，每个线上用户都可能扮演编辑或出版者的角色。这使得编辑工作更加多元化和复杂化，需要编辑具备更加全面的知识和技能，以应对不同形式的数字内容编辑和发布工作。

二、图书编辑工作的发展机遇

新媒体技术在图书出版行业中的应用为图书编辑带来了诸多挑战，图书编辑在面对新媒体冲击的同时，也需要抓住图书出版的发展机遇。

（一）丰富网络平台的图书信息资源

在数字化时代，传统纸质图书向数字形式的转化，已成为图书编辑必须面对的重要课题。我们需要认识到，将传统纸质图书转化为数字形式，不仅是一个技术性的任务，更是一个文化创新的过程。这要求图书编辑在保留原书精髓的基础上，运用现代化的技术手段，将文字、图片、音频、视频等多种媒介元素融合起来，形成具有互动性和多媒体特色的数字图书产品。

在数字化时代，读者的阅读方式发生了较大的变化，他们更加倾向于在便捷、高效的网络平台上获取知识和信息。因此，图书编辑需要紧跟时代步伐，积极整合各类图书资源，形成内容丰富、形式多样的数字图书库，以满足读者的多元化需求。同时，充足的图书信息资源也为图书编辑工作提供了必要的支持。通过数字化手段，图书编辑可以更加便捷地获取、整理、分析和利用图书资源，提高工作的效率和质量。

在传统出版行业朝着数字化方向发展的过程中，促进传统图书出版企业在网络平台上的发展显得尤为重要。这需要图书编辑积极拥抱新技术，不断创新图书产品的形式和内容，以适应新媒体时代的发展趋势。同时，优化图书资源的提供方式，增强企业的转型动力，而这也是推动传统图书出版业转型升级的关键所在。

（二）促进图书编辑水平的提升

随着新媒体的迅猛发展，信息的传播方式日益丰富，更加便捷。在此背景下，读者的阅读习惯也悄然发生了改变。其中，年轻人群的变化最为明显，他们逐渐通过新媒体渠道获取所需的图书资料。网络平台的便捷性、互动性和个性化推荐等特点，使得网络阅读成为一种时尚和潮流。然而，随着网络上书籍数量的急剧增加，网络平台在追求用户数量和点击率的过程中，很容易忽视对图书质量的把控。一些平台为了吸引更多读者，盲目追求图书的数量和种类，却忽视了图书内容的品质和价值。这就导致大量质量不高、内容平庸甚至低俗的网络图书充斥网络空间，严重影响了读者的阅读体验。这些质量不高的网络图书往往缺乏深入的思考和独特的见解，只是简单地堆砌文字和情节，缺乏真正的艺术价值和思想深度。同时，它们也往往缺乏流行文化价值观念，无法引起读者的情感共鸣和认同。

对于图书编辑来说，加强对图书质量的监督控制显得尤为重要。编辑需要严格筛选图书，确保图书的质量和价值。他们需要对图书的选题、内容、作者的文笔等方面进行全面评估，筛选出那些真正具有思想深度、艺术价值和文化内涵的图书。同时，他们还需要关注读者的需求和反馈，不断优化图书的呈现方式和读者能够获得的阅读体验，以吸引更多读者的注意力。

（三）充分掌握读者的阅读需求

图书编辑的核心目标便是满足广大读者的心理需求，推动优秀文化作品的传播与发展。在这个数字化、信息化的时代，图书编辑的工作内容不再局限于传统的文字加工与校对，而是需要更深入地与读者展开互动，以便更精准地把握市场动态，满足读者的阅读需求。

在新媒体蓬勃发展的背景下，图书编辑与读者之间的互动变得更加便捷与高效。借助社交媒体、网络论坛、在线问卷等多种渠道，图书编辑可以轻松地与读者建立联系，了解他们的阅读偏好、兴趣点及潜在需求。这种互动不仅有助于图书编辑完善作品内容，提高作品质量，还能为后续营销策略的制定提供有力的数据支持。

通过网络平台，图书编辑可以收集到大量关于读者偏好的信息，如读者的年龄、性别、职业、地域分布，以及他们对某一类图书的喜好程度、购买意愿等。这些数据有助于编辑及时洞悉图书市场的变化趋势，预测未来可能流行的题材和风格。

（四）转型升级工作模式

随着数字技术的日新月异，图书编辑必须不断调整优化自己的工作模式，以适应市场的变化和读者的需求，确保工作模式与时俱进。当前，图书编辑所面临的挑战之一是增强出版单位在市场中的竞争力。为此，他们可以利用数字技术，采取更加有创造性的编辑方法，提高编辑效率，缩短图书的上市时间。例如，借助大数据和人工智能技术，图书编辑可以精准分析读者的阅读习惯和兴趣偏好，为图书选题和内容策划提供有力支持。同时，他们还可以利用网络平台开展宣传营销活动，吸引更多潜在读者，提升图书的知名度和影响力。除了利用网络技术提升编辑效率外，图书编辑还可以考虑将作品以纸质书和电子书的双重形式推出。随着电子书籍的兴起，人们现在可以通过网络平台随时随地阅读，不再受时间和空间的限制。这种双重形式的推出不仅拓宽了读者获取信息的途径，还让他们可以根据个人喜好选择最适合自己的阅读方式。对于传统出版业而言，这无疑为其注入了新的发展动力。

在图书编辑过程中，图书编辑可以灵活运用数字技术，充分挖掘网络信息资源，创作出更符合当代人审美观念、阅读习惯和方式的丰富图书内容。例如，他们可以通过网络平台收集各种素材和观点，为图书创作提供灵感和素材支持。同时，他们还可以利用社交媒体与读者进行互动，了解他们的反馈和需求，从而为图书的修订和完善提供依据。

图书的封面作为图书给人的第一印象，对销售有着至关重要的影响。因此，编辑团队应该仔细研究并收集适合反映图书主题的封面素材，从他人的创意中获取灵感，提炼精华思想并融入图书封面设计中。精心设计的封面，可以吸引更多潜在读者的注意力，进而提升书籍的吸引力。此外，在进行图书策划之前，图书编辑还应该充分调研市场，了解不同年龄层的人对哪些话题感兴趣。通过收集和分析市场数据，图书编辑可以把握市场趋势和读者需求，为图书选题和内容策划提供有力支持。同时，他们还可以关注社会热点和时事新闻，为图书创作提供新的选题。

第三节　图书出版中编辑的作用和重要性

一、编辑能力及其重要性

编辑能力是编辑工作的核心要素，涵盖了策划选题、确定图书形式、定位目标群体、联系作者、编辑加工、撰写宣传文案、协助发行等诸多环节中所展现的能力和技巧。编辑在整个编辑工作中发挥着重要作用，他们的工作不仅仅是文字加工，更是对书稿的构思、策划、优化和推广。因此，编辑能力的提升对于书籍的品质和市场的推广都具有至关重要的作用。

选题策划是编辑工作的起点。编辑需要具备敏锐的市场洞察力和独特的审美眼光，以便从众多选题中筛选出具有市场潜力和文化价值的选题。确定图书形式和定位目标群体是编辑工作的重要步骤。编辑需要根据书稿的内容和特点，选择合适的出版形式和装帧设计，以吸引目标读者的注意力。同时，他们还需要深入研究目标读者的阅读习惯和需求，以便在编辑和宣传过程中更好地满足他们的需求。另外，联系作者是编辑工作的重要步骤之一。编辑对选题的要求和作者人选有了明确的了解后，可以通过引见、打电话、发微信等形式联系作者，使作者接受约稿要求。预估图书印数是编辑工作的又一个重要步骤。编辑需要根据市场需求和作者的影响力等因素，对图书的印数进行合理预估。在编辑加工环节，编辑需要对书稿进行细致的审阅和修改。他们不仅要关注文字表达的准确性和流畅性，还要关注内容的逻辑性和连贯性。撰写宣传文案也是非常重要的一步，编辑需要撰写吸引人的宣传文案，以激发读者的购买欲望。协助发行是编辑工作的延伸。优秀的编辑能够利用自己的资源和渠道，为图书的发行和推广提供有力的支持。他们可以帮助出版单位与媒体等合作伙伴建立良好的合作关系，共同优化图书的市场表现。

在整个编辑过程中，编辑需要具备更广泛的视野、全面的知识、耐心的服务态度，以及对图书出版的热情和责任心。他们的审美、品位、专业素养和情操将在出版的图书中得到展示，而这也体现了中国悠久文化传统的精髓。

二、编辑能力的作用表现

（一）影响着图书的选题策划

图书的选题策划并非一项轻而易举的工作，它背后涉及的是对文化趋势的敏锐洞察、对市场动向的精准把握，以及有效挖掘现有资源潜力的能力。在如今这个信息爆炸、文化多元的时代，读者的口味千差万别，对图书的需求也呈现出多样化、个性化的特点。因此，编辑需要具备优秀的专业能力、敏锐的洞察力和独立思考的能力，而不能仅仅依靠跟风或偶然的灵感来策划内容。

编辑需要密切关注文化趋势和市场动向。通过观察和深入研究，编辑能够把握社会的热点话题、流行文化以及读者的兴趣点，从而挑选出具有市场潜力的选题。在策划选题时，编辑不仅要考虑市场需求，还要结合自身的资源和优势，挖掘出具有独特性和创新性的选题。此外，编辑还需要知道如何使独特的图书获得读者的广泛认可。这包括选择合适的作者、精心策划封面设计、制定有效的营销策略等方面的工作。

然而，如果编辑缺乏专业能力，那么他们在选题策划的过程中将会面临巨大的挑战。他们可能因为无法准确把握市场动向而错失良机，或者因为无法挖掘出具有独特性和创新性的选题而陷入平庸。在这种情况下，编辑面对的工作压力会大增，不但难以应对日益增长的读者需求，其未来的发展也将面临较大的不确定性。因此，对于编辑而言，选题策划是一项既充满挑战又充满机遇的工作。他们需要不断提升自己的专业能力、拓宽视野、培养创新思维，以应对日益复杂多变的市场环境。只有这样，他们才能在激烈的市场竞争中脱颖而出，为读者带来更多优质、独特的图书作品。

（二）影响着图书的内容质量

当今时代无论是科技进步的速度还是社会变迁的幅度，都呈现出前所未有的态势。在这样的背景下，图书出版行业也迎来了前所未有的挑战与机遇。为了顺应时代潮流，满足读者日益增长的阅读需求，图书的出版周期已经大幅缩短。然而，这也为图书的内容质量和编辑水准提出了更高的要求。众所周知，校对是出版流程中不可或缺的一环。它主要负责对书稿进行细致入微的审查，发现并纠正其中的各类差错。然而，仅仅依靠校对来提高图书的质量显然是远远不够的。因为，编辑的工作远不止于此。

编辑的真正能力在于通过仔细雕琢、筛选精华、精心打磨书稿，使其达到较高品质。这一过程需要编辑具备深厚的文化素养、敏锐的洞察力和丰富的编辑经验。在审阅书稿时，编辑不仅要关注文字本身的准确性，还要对书稿的内容、结构、逻辑进行全面评估。他们需要凭借自己的专业知识，对书稿进行必要的删减、增补和调整，使文章更加精练、深刻和易于理解。

（三）影响着图书的装帧设计

随着图书设计和印刷技术的快速发展，图书的装帧设计越来越多样化，这一变革不仅为图书行业注入了新的活力，也给编辑带来了前所未有的挑战，编辑需要更加深入地挖掘和展示自己的专业能力，以确保每一本书都能以最佳的状态呈现给读者。图书的本质在于其内容，内容的质量、深度和创新性是决定一本书成功的关键。另外，形式上的装饰同样重要，它应该成为呈现内容的辅助手段，绝不可喧宾夺主。因此，编辑在对一本书进行策划时，需要充分考虑如何在形式和内容之间找到最佳的平衡点。

在这个过程中，编辑需要综合考量多个方面。首先，他们需要明确图书的主题、内容特点和目标读者群体，以确定适合的装帧风格和色彩搭配。其次，品质标准也是编辑不能忽视的因素。他们需要与印刷单位密切合作，确保图书的纸张质量、印刷效果和装帧工艺都符合预设的标准。此外，制作成本、销售定位、消费者需求、价格设定和市场前景等因素也需要纳入考量范围。编辑需要与设计人员进行深入的讨论和交流，确保双方能够在关于书籍的设想和目标方面达成共识。编辑还需要具备一定的审美能力和判断能力，能够在多样化的设计方案中挑选出最合适的一种。

（四）影响着图书的宣传发行

图书出版完成后，为了让其中的内容得到广泛的认可，除了书籍本身的质量，编辑的宣传发行能力也是至关重要的。编辑需要发挥其专业素养，充分利用自身的资源和渠道，以确保书籍在市场上获得良好的反响和销售成绩。编辑需要在坚持最初设想的基础上，灵活应对情况。这意味着编辑需要在保持书籍核心价值和特色的同时，能够根据市场变化和读者需求进行适时的调整。他们需要密切关注市场动态，了解读者的阅读喜好和购买习惯，以便在宣传发行过程中作出精准的决策。编辑需要重视市场推广的时机和创意表达。市场推广的时机对于书籍的销售至关重要，编辑需要把握好宣传的节奏和力度，确保书籍在关键时期能够获得足够的关注和热度。同时，创意表达也是编辑需要具备的能力之一，他们需要运用创新的思维方式和独特的宣传手段，使书籍在众多作品中脱颖而出。

在选择传播渠道和合作伙伴方面，编辑也需要深思熟虑。不同的传播渠道和合作伙伴对于书籍的推广效果有着不同的影响。编辑需要根据书籍的定位和受众特点，选择合适的渠道和合作伙伴来进行合作。例如，针对青少年读者的书籍，可以选择在社交媒体平台上进行宣传，或者与学校、图书馆等机构合作举办签售活动；而针对专业读者的书籍，则可以选择在学术期刊或专业网站上进行推广。此外，编辑还需要帮助作者突出书籍内容的重点，制造引人瞩目的话题。他们可以通过撰写书评、组织研讨会或采访作者等方式，向读者展示书籍的亮点和价值。同时，编辑还可以根据市场趋势和读者反馈，对书籍内容进行调整和优化，以更好地满足读者的需求。

三、数字出版环境下编辑的作用

（一）鉴别繁杂无序的信息

人类已经步入一个信息爆炸的时代，各种知识如雨后春笋般涌现，既丰富又复杂，令人眼花缭乱。这些知识如同一座座宝藏，隐藏在各类媒体之中，等待着我们去发掘和整理。然而，随着信息量的不断增长，数字编辑工作面临着前所未有的挑战。

在这个信息多元化的时代，编辑要面对的信息形式五花八门。文字、图片、音频、视频等各种形式的信息层出不穷，给编辑的工作带来了较大的挑战。他们需要在海量的信息中仔细甄别，筛选出有价值、有深度的信息，以便为读者提供高质量的阅读体验。在众多的信息中，有的真实可信，有的则存在虚假或误导性的成分。编辑需要具备敏锐的洞察力和扎实的专业知识，以便对信息进行准确的筛选。他们需要通过各种途径验证信息的真实性，确保传递给读者的信息准确无误。

为了应对这些挑战，编辑需要不断提升自己的专业素养和综合能力。他们需要具备扎实的语言文字功底，以便对信息进行准确、生动的表达。同时，他们还需要具备丰富的知识储备和广泛的兴趣爱好，以便更好地理解和把握各种类型的信息。

（二）传统"把关人"角色的延伸

数字化时代不仅改变了人们获取信息的方式和习惯，也对编辑的角色和职责提出了新的要求。在这个时代，编辑的"把关人"角色得到了延伸，并被赋予了更为丰富和深刻的意义。

编辑作为"把关人"，在信息传播中一直发挥着至关重要的作用。他们需要对内容进行筛选、整理、加工和呈现，以确保信息的准确性和可靠性。而在数字化时代，这一角色变得更加重要和复杂。这是因为，数字出版的信息量大、传播速度快、交互性强，受众的文化水平和识别能力也在不断提高。因此，编辑需要在海量的信息中挑选出有价值的、真实可靠的信息，同时以更加灵活和创新的方式呈现给读者。具体来说，在数字化时代，编辑需要更加关注读者的需求和兴趣。他们应该深入了解读者的阅读习惯和喜好，引导他们积极地获取信息。例如，可以通过设置热门话题、推荐阅读、专题报道等方式，为读者提供方便的信息指引。同时，编辑还需要尊重每个个体的特点和创造力。在数字化时代，每个人都有可能成为信息的创作者和传播者。因此，编辑应该尊重每个个体的观点和创意，鼓励他们发挥自己的创造力和想象力。在挑选和呈现信息时，编辑应该坚持客观、公正和平等的价值观，避免因为个人偏见或主观判断而误导读者。

（三）服务于个性化阅读需求

随着科技的飞速进步，数字化时代已经深刻改变了我们的生活方式，其中阅读方式的变化尤为显著。在数字化浪潮的推动下，阅读趋势正逐渐从大众化模式转向专业化模式和个性化模式。这种转变不仅反映了读者日益增长的个性化需求，也为出版业带来了新的发展机遇和挑战。

在数字化时代，出版业逐渐改变了传统的大众化出版模式，转而关注特定读者群体的需求。编辑开始深入研究和理解各类读者群体的特点和喜好，以便为他们提供更为精准、优质的阅读内容。编辑在工作中需要更加注重选择和规划，针对不同读者群体编辑合适的内容。他们需要深入了解各类读者的兴趣、需求和阅读习惯，以便为他们提供个性化的阅读体验。这包括筛选具有独特价值和深度的内容、选择符合读者口味的装帧和排版，以及制定精准的营销策略等。

编辑通过精准定位、深入挖掘和精细运营，将原本分散的读者群体聚合成一个个具有共同兴趣和需求的独特受众群体。这些独特受众群体不仅为出版业带来了更为稳定的读者基础，也为编辑提供了更大的创新空间和更多的发展机会。编辑还可以将独特受众打造成专业受众，他们通过提供专业的阅读内容、服务和体验，培养读者的专业素养和阅读习惯，使读者在特定领域能够表现得更为专业。这种转变不仅增强了读者的阅读体验和价值感，也为出版业带来了更大的盈利空间和更广阔的发展空间。

（四）整合加工内容资源

在数字技术迅猛发展的当下，数字出版领域正逐步成为知识传播与信息共享的重要平台。在这个领域中，编辑愈发重要，他们肩负着深度加工、精准分类及高效管理内容资源的重任，确保广大用户可以迅速、准确地获取所需的信息。

内容资源涵盖了文字、图片、音频、视频等多种形式，为用户提供了丰富多样的知识来源。然而，内容资源的增加也带来了新的问题，即如何对这些内容进行有效的分类和标引，以便用户能够快速定位到所需信息。因此，数字化时代分类和标引工作显得尤为重要。编辑需要运用专业的知识和技能，先对内容进行深入的分析和解读，再根据内容的特点和主题进行分类。同时，他们还需要运用标引技术，对内容进行详细的标注和描述，以便用户能够通过关键词、标签等方式快速检索相关内容。

内容资源的使用价值在很大程度上取决于标引的详细程度和加工的精细程度。一个优秀的编辑应该能够深入挖掘内容的内在价值，将其中的关键信息和精华部分提炼出来，并以清晰、准确的方式呈现给用户。这不仅需要编辑具备扎实的专业知识和敏锐的洞察力，还需要他们具备创新思维和灵活应变的能力。

（五）知识信息的数字化传承者

数字化的知识信息传播者，以其独特的魅力和价值，正逐步成为传承人类智慧和文化的重要力量。尽管纸质图书作为传统形式记录信息已有上千年的历史，而且至今仍然在出版业占据着举足轻重的地位，但随着科技的进步和社会的发展，传递知识和信息的方式正变得越来越多样化，也更具创新性。在数字化出版环境中，光盘、电子书、数据库及各种手持阅读设备等新媒体形式层出不穷，为人们提供了更多元化、便捷化的阅读选择。这些新媒体形式不仅丰富了知识信息的呈现方式，还使得知识传播的速度得到了较大的提高，传播的范围得到了扩大。与此同时，编辑作为人类文化和知识的关键传承者，在数字化出版环境中的作用也日益凸显。

在数字化出版领域，编辑肩负着将内容进行数字化编辑处理的重任。他们需要对海量的信息进行筛选、整理、加工和呈现，确保信息的准确性、完整性和可读性。同时，他们还需要运用数字技术，将内容以更加生动、形象的方式展现给读者，增强其阅读体验。

数字出版近年来在我国迅猛发展，全面数字化转型是传统出版未来的必然发展趋势，数字出版对传统出版业产生了巨大影响并造成了一定冲击。编辑是资源的优化者与充分利用者。事实上，传统媒体正在寻求新的发展方式。媒体产业现在有一个关键词是"整合"，传统媒体正在探索整合的多种形式。那么，什么是整合呢？整合是通过新闻编辑的内部合作及外部的伙伴关系，共享并交叉推广来自不同媒体的信息。

迄今为止，贯彻媒体整合理念的最广为人知的例子是以美国佛罗里达州坦帕市为基地的"媒体综合集团"。该集团在2000年新建了一栋大楼，将旗下的《坦帕论坛报》、电视台和坦帕湾网站全部集中在一起进行运作。例如，在报道一座雕像从某购物中心被移走的新闻时，《坦帕论坛报》刊登了摄影记者拍摄的一张照片，这位编辑同时也为电视台摄像。

总的来说，当今的新闻工作者不应认为自己只是电视台记者或报纸编辑，而应把自己定位为可以在不同环境下工作的新闻专业人士，工作范围可以囊括互联网、杂志、非营利性组织，甚至是公共关系与广告业界等相关领域。

媒体融合带来了对新型编辑的需求，因而编辑应既能处理杂志或报纸的新闻故事，又能编辑影像及其说明文字。关于市场对接受过不同媒体交叉训练的人才的需求，虽然目前尚不明确，但有着广阔的发展前景。

在图书出版过程中，编辑无疑是至关重要的。编辑不仅是文字的处理者，更是图书内容的策划者、市场的分析者及营销的执行者。在数字化、网络化日益发展的今天，编辑的职责愈发重要且多元化。编辑作为文字处理者，需要具备扎实的语言文字功底和敏锐的文字感知能力。他们需要对稿件进行精细的打磨，确保文字的准确性、流畅性和美感。同时，他们还需要关注读者的阅读体验，努力创作出符合读者口味和需求的作品。

然而，编辑的职责远不止于此。在选题阶段，编辑需要密切关注市场动态和读者需求，结合自身的专业知识和判断，筛选出具有市场潜力的选题。在内容策划方面，编辑需要根据市场需求和读者偏好，对图书的主题、内容、结构进行精心设计和安排。当前，图书市场竞争异常激烈，众多出版社的图书在选题上大同小异，导致消费者在选择时感到困惑。因此，编辑需要巧妙地设计包装，利用封面设计、宣传语等手段，为读者带来全新的阅读体验。同时，他们还需要关注读者的阅读心理和购买行为，通过精准的市场调查和数据分析，制定更加有效的营销策略。编辑需要利用特定主题和目标受众开展一系列的图书促销活动，如签售会、读者见面会等，以吸引更多读者的注意力。

除了关注市场需求和读者反馈，编辑还需要关注时下的流行趋势和文化热点。他们需要筛选符合现代读者偏好的图书，并通过与作者的深入沟通合作，确保图书内容的质量和风格符合市场需求。同时，他们还需要积极争取优秀的版权资源，为出版社的发展提供源源不断的动力。

在读者定位方面，编辑需要深入了解不同读者群体的需求和特点。只有准确定位读者群体，才能有针对性地编辑图书，从而满足不同读者群体的需求。例如，针对青少年读者群体，编辑可以选取富有教育意义和趣味性的选题；而针对中老年读者群体，编辑则可以选取养生、健康等方面的选题。

在图书推广的过程中，编辑还需要具备规划和引导市场发展的能力。他们需要根据市场需求的变化和读者反馈的情况，及时调整营销策略和推广手段。同时，他们还需要与作者、发行商、媒体等各方保持良好的合作关系，共同推动图书市场的发展。

编辑还要前往销售一线，在各家书店进行实地调查，编辑能够看到书籍在货架上的陈列情况，了解哪些类型的书籍更受读者欢迎，哪些位置更容易吸引顾客的注意力。这些信息对于编辑来说具有较高的参考价值，可以帮助他们更有针对性地推广相关类型的书籍，提高销量和知名度。在调查过程中，编辑还需要积极与书店工作人员和顾客进行交流，了解他们的意见和看法。通过与书店工作人员的沟通，编辑可以了解书店的经营策略和市场需求，从而更好地调整出版方向和策略。而与顾客的交流则可以让编辑更加深入地了解读者的需求和喜好，为未来的选题和策划提供依据。除了实地调查，编辑还需要建立自己的数据库，对书籍的销售情况、读者反馈等信息进行整理和分析。这些信息可以帮助编辑更加清晰地了解市场动态和读者需求，为未来的出版工作提供有力的数据支持。

在市场营销方案的制定过程中，编辑可以适度采纳读者的建议。这些建议往往来自读者的真实体验和感受，能够更直接地反映市场需求和读者期望。通过吸纳这些建议，编辑可以更加精准地制定营销策略，增强营销效果。

四、编辑能力的提升策略

（一）多积累知识

通过编发书稿来积累知识，无疑是提升个人专业素养与知识储备的有效途径。历史、学术和通俗读物等作品，无论是其深厚的文化底蕴还是丰富的信息内涵，都为我们提供了宝贵的学习资源。因此，我们可以将编辑过程视为一个积累知识、提升能力的过程，而非仅仅是一种工作任务。

在编辑书稿的过程中，审稿是至关重要的一环。这一环节不仅是对信息的准确性进行验证，更是一个促进知识增长的重要途径。通过仔细阅读、反复校对，我们能够更深入地理解书中的内容，挖掘出其中的精髓与智慧。同时，我们还可以学习到如何准确、恰当地表达观点，提升自己的文字表达能力。

此外，在空闲时间多多阅读各类书籍也是积累知识的重要方式。通过阅读，我们可以拓宽自身视野，了解更多的知识和信息，提高自己的综合素质。同时，我们还可以借鉴他人的选材和编辑经验，学习他们如何选取有价值的内容、如何组织文章结构、如何运用修辞手法等。这些经验对于我们自身的编辑工作来说，无疑具有重要的指导意义。

（二）建立广泛的信息通道

参与学术研讨会、参加文化活动、掌握学术动态这些都是提升个人学术素养、拓宽视野和增强人际网络的重要途径。对于从事学术研究和创作的人来说，这些活动不仅有助于提高其稿件质量，还能增强其策划能力，为自身未来的学术发展奠定坚实基础。

参与学术研讨会，对于了解学术前沿、掌握最新研究成果来说具有不可替代的作用。通过参加学术研讨会，我们可以与来自世界各地的专家学者进行深入交流，共同探讨学术问题，激发自身创新思维。同时，我们还可以从他们的研究中汲取灵感，丰富自己的知识储备，为撰写高质量稿件提供有力支持。

参加文化活动有助于拓宽我们的文化视野，提升自身文化素养。文化活动包括各类艺术展览、音乐会、戏剧表演等，它们可以让我们领略不同文化背景下的艺术魅力，丰富我们的精神世界。此外，文化活动还能激发我们的创作灵感，为策划活动提供丰富的素材和灵感来源。

掌握学术动态则是确保我们在学术领域不断前进的关键。通过关注学术期刊、浏览学术网站、参加学术会议等方式，我们可以及时了解学术界的最新动态，紧跟学术发展趋势。这样，我们在撰写稿件时就能更准确地把握学术前沿，提高稿件的创新性和学术价值。

除了以上几点，我们还需要全面且深入地了解读者的需求。读者是我们创作的最终受众，了解他们的需求和喜好对于提高稿件质量和策划能力来说至关重要。我们可以通过问卷调查、读者反馈等方式收集读者的意见和建议，以便进一步明确编辑图书的目标和定位。同时，我们还需要对读者群体进行详细分类，针对不同群体的特点和需求制订不同的编辑策略和推广方案。

（三）加强与各个环节人员的沟通

一本图书的出版，是一项涉及多个领域的复杂工作，包括设计、装帧、印刷、宣传及发行等多个阶段。每个阶段都需要专业的知识和技能，以确保图书能够顺利出版。因此，对于编辑而言，熟悉并掌握这些领域的知识显得尤为重要，这不仅有助于各个环节之间的沟通，更能促进图书质量的提升和市场的成功推广。

在设计阶段，编辑需要与设计师紧密合作，共同确定图书的整体风格并进行版面设计。编辑需要了解读者的阅读习惯和审美需求，以便为设计师提供有价值的建议和指导。装帧阶段则是将设计与内容相结合的关键环节。编辑需要与装帧师共同商讨，确定图书的纸张、印刷工艺及装帧方式。这些选择不仅影响图书的外观质感，还直接关系到读者的阅读体验。因此，编辑需要具备丰富的装帧知识和敏锐的市场洞察力，以确保图书在装帧上既符合读者的期待，又能体现出版社的特色和风格。进入印刷阶段，编辑需要密切关注印刷过程中的每一个环节，确保印刷质量都能符合要求。此外，编辑还需要与印刷单位保持密切沟通，及时解决可能出现的问题，确保图书的顺利印刷。宣传阶段则是将图书推向市场的重要环节。编辑需要制定有效的宣传策略，通过各种渠道和媒体进行宣传。这包括利用社交媒体、举办发布会、开展签售活动等方式，以吸引读者的注意力并激发其购买欲望。同时，编辑还需要与媒体建立良好的合作关系，争取更多的曝光机会和宣传资源。发行阶段则是将图书送达读者手中的最后一环。编辑需要与发行商密切合作，制定合理的发行计划和销售策略。此外，编辑还需要关注市场动态和读者反馈，及时调整发行策略，以确保图书在市场上取得良好的销售业绩。

就目前的市场化经济社会发展来看，要出版图书，就需要经过选题和调研、编纂和校对，最终通过装帧和印刷才能形成完整的图书，进而进入市场被消费者选择和阅读。在整个图书的出版过程中，责任编辑发挥着重要的作用，可以说，责任编辑是图书出版价值性、意义性及经济性的重要控制者。所以，充分认识图书出版过程中责任编辑扮演的角色，并将这种角色责任放大并加以利用，将有利于增强图书出版的综合效果。

第四节　图书宣传中编辑的作用和重要性

一、编辑在图书宣传中的作用

（一）能有针对性地找出图书的卖点

图书的卖点，即图书的特殊性，是其在众多图书中脱颖而出的核心竞争力，是吸引读者目光、激发其阅读兴趣的亮点所在。对于编辑而言，深入挖掘图书的特点和优势并准确把握读者的兴趣点，是确保图书成功推广的关键。编辑需要对要推广的图书有深刻的理解和独到的见解。每本书都有其独特之处，无论是内容、风格还是作者背景，都可能成为其卖点。例如，名人出版的书籍往往能够吸引大量读者的注意力，这是因为名人本身已经具备了一定的知名度和影响力，如余秋雨的《借我一生》，之所以能够受到广泛关注，很大程度上是因为名人本身已经成为读者心中的焦点。

除了名人效应，图书的内容和质量也是其卖点。编辑需要深入挖掘图书的内在价值，提炼出其中最具吸引力的部分，作为宣传的重点。例如，一些具有独特视角、深刻见解的图书，能够引起读者的共鸣，所以会成为市场上的热门作品。

在宣传图书的过程中，电视剧与图书的互动效应也是不可忽视的。一些热门电视剧的原著小说或衍生作品，往往能够借助电视剧的热度，迅速获得大量读者的关注。例如，《大宅门》《玉观音》等作品，在电视剧热播期间，其原著或相关图书也获得了大量的关注和广泛追捧。

（二）能有针对性地找准媒体

在图书宣传过程中，媒体选择的重要性不言而喻。媒体的选择直接关系到图书信息的传播效果，以及是否能够精准地触达目标读者。媒体类型多种多样，可大致分为涵盖范围广的大众媒体和专注于特定领域的专业媒体。不同类型的图书应根据其受众定位、内容特点及市场定位来选择最合适的推广渠道，这既符合图书市场的细分趋势，也是实现有效宣传的关键。

在挑选宣传平台时，编辑需要充分考虑图书的主题、风格及潜在读者的阅读习惯和兴趣点。例如，社会小说往往以精彩的情节和深刻的社会洞察吸引读者，因此选择在晚报和休闲杂志等媒体上进行推广，可以更容易地引起读者的关注和共鸣。而对于青春校园读物，由于其受众主要是年轻学生，因此应该将宣传重点放在受到学生关注较多的青少年期刊、网站等平台上，以便更好地贴近目标读者群体。

此外，一些理论深刻、文化内涵丰富的图书可能更适合在学术期刊上进行推广。这些图书的读者群体往往具有较高的文化素养和学术背景，对学术性强的媒体更为青睐。例如，周国平的《岁月与性情——我的心灵自传》是一代知识分子在时代风潮中的命运缩影，这样的图书在文摘类杂志上进行推广会受到大量读者的欢迎。而时尚小说等轻松愉快的读物，则更适合在网站、社交媒体等平台上推广，可以充分吸引年轻读者的眼球。

在竞争激烈的图书市场中，进行图书宣传需要一定程度的资金支持。然而，在图书销售利润微薄的情况下，编辑必须精打细算，力求以最少的预算获得最佳的宣传效果。为了实现这一目标，编辑需要了解各种媒体的覆盖范围、特点及主要栏目等信息。同时，他们还需要与媒体从业人员建立密切的互动关系，以便在宣传过程中获得更多的支持和帮助。

（三）能有针对性地找出合适的宣传方式

在启动图书宣传项目之前，编辑的工作至关重要，他们需要制定系统化的方案并精心安排，以便有针对性地选择合适的宣传方式。在当今竞争日益激烈的图书市场中，媒体宣传无疑是图书宣传的重要方式之一，但绝非唯一途径。编辑在推广图书时，除了通过媒体平台确切描述图书的内容、发表作品评论及专访等形式，还可以根据图书的独特性和市场需求，采用多种宣传方法，以吸引更多读者的注意力。

传统的图书推广方法，如新闻发布会、作品研讨会和签售会等，一直备受编辑的青睐，至今仍然被广泛应用。这些活动不仅能直接展示图书的价值和特色，还能为作者和读者提供互动交流的平台，从而增强图书的市场影响力。然而，随着市场竞争的加剧，图书推广方法也在不断创新和发展。近年来，一些编辑开始尝试利用热门电视剧的热度来推广图书。例如，在电视剧《牵手》热播期间，编辑积极与作者王海鸰、演员及观众互动，引导他们参与对电视剧角色命运的讨论，从而带动大众对原著图书的关注和购买。这种跨媒体宣传方式不仅扩大了图书的受众范围，还提高了其市场知名度。此外，一些编辑还善于与各类机构合作，共同举办推广活动。例如，卢勤的作品《告诉孩子你真棒》问世后，编辑积极与各地妇联等机构合作，举办专题报告会和演讲活动，通过媒体的广泛报道，让更多的人了解并关注这部作品。这种合作方式不仅提升了图书的社会影响力，还为作者和编辑带来了更多的商业机会。

在图书销售环节，编辑同样需要精心策划和安排。他们会在每个销售店悬挂宣传海报、摆放图书码堆造型及发放礼品等，以吸引顾客的注意力并激发他们的购买欲望。这些宣传活动不仅为销售场面增添了生机，还提高了图书的曝光率和销售量。

每一本畅销书的背后都离不开成功的市场策略和辛勤的劳动。全国畅销书榜单上的每一部作品都见证了编辑的智慧和努力。如今，图书市场正逐渐走向成熟，市场竞争也愈发激烈。在这样的背景下，编辑需要不断提升自己的能力，以适应行业的快速发展和变化。

现代出版业对编辑的要求已经不仅仅是处理文字那么简单。他们需要具备敏锐的市场洞察力、丰富的创意和良好的沟通能力，以便在图书项目的规划和经营中发挥重要作用。编辑需要深入了解市场需求和读者喜好，精心策划和安排宣传活动，以吸引更多读者的注意力和激发他们的购买欲望。宣传活动在图书推广中扮演着至关重要的角色。无论是传统的媒体宣传还是创新的跨媒体合作，都需要编辑精心策划和安排。只有这样，才能有效地传递图书的价值和特色，从而获得更多读者的关注和购买。

二、编辑在图书宣传中的重要性

（一）编辑在安排图书自身信息上具有权威性

宣传信息集合体的首要组成部分就是图书本身的信息，包括图书内容、图书个性与图书价值的说明，安排这些信息时必须以吸引受众注意力为原则。无论采用何种宣传方式，图书内容的介绍都必不可少。受主客观条件限制，出版社往往需以寥寥数百字，使受众知悉洋洋数十万乃至数百万字图书的主要内容，采用广告、书讯等方式时尤其如此。要做到这一点，必须对图书本身有特别透彻的认识。编辑策划并参与了稿本的生成，又是将稿本变为定本的活动主体，对于图书内容有切实的了解和深入的感悟，相对于他人更有条件精辟地概括出图书的全貌并突出其精华。同时，在图书宣传形式趋同化的情况下，只有突出图书个性化的特征和价值，图书才能在琳琅满目的待选品中脱颖而出。这项工作也只能在熟悉本版图书全貌的基础上，与同类产品相比较后才能完成。所以，在挖掘图书个性化特征和价值时，编辑具有权威性，他们将特性与价值结合起来，就形成了能够打动受众的卖点，而只要抓准了卖点，图书自然容易脱颖而出。

（二）编辑在整合图书相关信息上具有周密性

宣传信息集合体的另一组成部分是图书相关信息，包括作者情况、社会背景、专业发展趋势、出版业动态等。整合其中能烘托图书价值的部分，与图书本身的信息相配合，亦能为图书宣传造势，这也正是当前许多图书宣传安排作者情况和社会背景等信息介绍的重要原因。编辑参与了图书策划和组织的全过程，通过选题、组稿、审稿等一系列工作较全面地了解了上述信息，其中包括许多别人难以获取的一手材料，从而使编辑在图书相关信息的整合上比他人更具周密性。例如，编辑策划和确立一个优秀的选题，是以深入研究选题所在领域的发展趋势、出版业最新动态及当前社会热点为基础；确定最适宜的作者，是以权衡诸作者人选的知识水平、权威性、相对优势等因素为基础；编辑稿件时对内容等的调整，是以辨别和把握市场信号为基础，这一系列劳动，使编辑对与图书"链接"的诸方面信息格外清楚，而且还对这些信息进行了周密分析、审选和整合。编辑在信息系统较为全面的基础上，对信息价值进行重新认定与排序，无疑会使图书宣传所涉及的纷繁复杂的信息集中于和图书密切相关并能为图书的权威性、独特性增辉的部分。

三、编辑参与图书宣传的主要策略

（一）有效传递图书信息

编辑应具有良好的信息意识和较强的信息收集、利用与开发能力。一是利用广告服务，把图书的内容、特点、用途、价格、作者等信息传递给读者和销售商，以便读者了解和购买图书，常见的服务形式有广播、电视、报纸、杂志、广告牌、宣传页、宣传册、横幅、招贴画、形象代言人等。二是利用培训服务，讲解和介绍图书的学术价值、编写特点、体例结构等；常见的培训形式有会前会、培训会、图书研讨会等。编辑最了解图书的学术价值和内容特点，通过积极参与广告服务、培训服务，既能将作者的思想观念、研究方法等信息及时、准确地传递给读者，又能将读者反馈的信息收集起来，便于下一步的选题策划工作。

（二）撰写书评

书评在挖掘中国古代文化遗产，促进"百花齐放，百家争鸣"等方面发挥着重要作用。文学类图书的书评较多。我国一些著名的文学家，同时也是评论家。但是学术专著方面的书评太少，一方面是作者自己忙于学术研究，无暇写书评；另一方面是同行专家不能及时得到这类专著，或他们更注重自己的学术研究，也很少动笔写书评。因此，写学术专著书评的最好人选就是责编，他们最先看到书稿，最了解作者在该领域的研究成果，最清楚该专著的学术价值。书评最好刊登在相关的专业刊物上。

（三）充分利用网络资源

充分利用因特网、公告牌、出版社网站主页、线上出版社、图书馆网站等资源，有效宣传出版的图书。随着网络的普及，许多读者会直接去线上查阅资料。2024年3月22日，中国互联网络信息中心（CNNIC）在京发布第53次《中国互联网络发展状况统计报告》(以下简称《报告》)。《报告》显示，截至2023年12月，中国网民规模达10.92亿人，较2022年12月新增网民2480万人，互联网普及率达77.5%。因此，要充分利用网络资源，充分整合大量珍贵的富有我国文化、民族特色的资源，实现信息数字化、网络化，并将之呈现于世人面前。

（四）树立现代出版新理念

理念是人们思维的要素，是思想和行动的先导，对于记录历史、传承文明、传播真理、普及科学、培根铸魂、启智增慧的出版业来说，把党的二十大精神学习好、贯彻好，首先要结合出版业发展的实际，牢固新时代中国特色出版工作的新理念。

党的二十大制订了全面建设社会主义现代化国家、以中国式现代化全面推进中华民族伟大复兴的宏伟纲领，新闻出版传媒界同志应该结合出版业发展实际，牢固树立习近平新时代中国特色出版工作的理念，坚持"结合"和"融通"的理念、"真理"和"科学"的理念、"围绕"和"复兴"的理念、"数字"和"产业"的理念、"内需"和"面向"的理念，让中国出版为人类文明进步事业做出更大贡献。

图书宣传不能只靠硬广告，还要通过社会公益活动来宣传自己。例如，红桃K集团的标志代表的就是"只有逗号，没有句号"的精神。出版行业也应该利用各种资源，树立自己的企业理念。

第四章　图书的营销推广

图书营销规模可大可小，往往会根据实际需要决定。小的营销，可能只需要在出书以后，通过媒体或网络发书评，或为发行部门等提供一些文字资料等。大的营销，有时候甚至会从书稿还没进入流程就开始运作，如前期造势、制造新闻热点等，到出书以后的作者签售、发行推广会等。

本章论述了图书的营销推广，详细介绍了图书的市场分析、图书的营销渠道、图书的营销策略等内容。

第一节　图书的市场分析

一、图书市场竞争力量分析

迈克尔·波特（Michael Porter）认为有五种因素决定了一个市场或细分市场的长期内在吸引力，分别是同行业竞争者（细分市场内激烈竞争的威胁）、潜在的新参加竞争者（流动性的威胁）、替代产品（替代产品的威胁）、购买者（购买能力的威胁）和供应者（供应能力的威胁）。图书市场同样存在这五种竞争力量。

（一）同行业竞争者

出版社由原来的事业单位改制成企业单位后，对行业内的影响是多方面的。

第一，出版社的运行机制受到影响。国有企业的弊端在市场中暴露无遗，各单位纷纷寻求新的企业机制，多种形式的所有制出版单位出现。

第二，办社宗旨受到影响。思维方式的改变影响办社的思路，社会效益和经济效益的地位在出版社的运作中会发生偏移，多变的图书市场会改变出版社的出书结构，使之自觉或不自觉地偏离当初的办社宗旨。

第三，出版人员流动加快。市场化意味着出版社职工也成为市场的、社会的。出版人才市场在中国正式出现，名牌出版社对人才有较大吸引力，人才的竞争更加激烈。这又加重了出版社的成本，出版社的经营压力大增。

第四，竞争加剧。市场化经营后，出版社的市场意识加强，危机意识有增无减。出版社要改变运行机制和经营形式，迅速壮大自己，才能在未来的竞争中战胜对手。

（二）潜在的新参与竞争者

中国加入WTO，根据无歧视待遇原则，国外出版企业获得了在中国与国内企业同等发展的机会。这一条会影响到中国政府的出版政策。可能国内一些企业会先于国外企业成为新进入者。

（三）替代产品

图书的替代产品日益增多。新技术加速进入出版业，电子书和网络出版物等替代品有了新的发展。未来图书行业的发展将以线上出版和按需印刷为主，电子书也会更受欢迎。到了那时，人们进入传统书店也许主要是为了了解书目信息、收集目录或下载操作。

（四）购买者

出版业最终顾客是读者和图书消费者。读者购书是因为个人的爱好、兴趣，以及对某方面有了解、学习、研究的需要，或受同事、朋友、老师、广告等影响而产生阅读想法决定购书。图书消费者不是读者，其目的是为别人购书，是被动行为，是因为受到某种影响或指令的消费行为，如家长为孩子买书，老师为学生买书等。这两类人的购书行为受外界的干扰程度不同。

各种市场加大运作手段力度后，顾客队伍也会扩大，大量的图书宣传、舒适的购书环境和周到的服务会促使大批读者产生购书欲望。可以肯定的是，努力发掘和开发图书市场，"图书蛋糕"还可以被做大。

通过仔细分析可以发现，读者是较容易引导的，读者的阅读趋向是可以诱导的，只要宣传得当，就能抓住一批读者。当然，中国的读者是有"基础"的，一方面，思想长期高度一致，思想上"集体行动"的影响很深；另一方面，中国读者的文化程度普遍不算高，易引导。当然还有一类成熟的读者，他们比较理智，而且能打动他的主要是图书的内容。这类读者只有货真价实的图书内容介绍才能够影响他们的购买行为。

图书消费者与真正的读者不同，为别人购买，当然讲究的是图书的外观和价格，关心的是这样的价格买这种"东西"值不值，或是冲动型的出于某种需要，只要是其需要的图书，不论价格、包装和内容，他都会买下。当然，若是过度宣传一些畅销书，那么在某一时间段，就会出现越来越多的人在读同一种图书，由此会导致文化多样性的丧失，对图书市场也有负面影响。

（五）供应者

供应者包括作者、造纸厂等，他们对出版社来说很重要。

1. 作者

出版社的市场化运作，也许对作者的影响比对读者的影响更大。

从作者自身的角度来看，市场经济使作者的思想和行为发生了变化。首先，作者的市场意识加强了。作者把自己看成市场中的一员，而不再是"躲进小楼成一统"自赏式作家。作者会更加了解读者，知道近期读者的阅读趋向，在学会研究读者的同时，还学会了研究出版、研究市场运作手段，处处显见"职业化"素质。他们会与出版社谈稿酬是版税制还是基本稿酬制，他们也会出现在书店签名宣传或在互联网上与读者交流。这时的作者是全能选手。其次，作者大量增加，写作类型多样化。有了创作一夜致富的例子，很多人会加入作者行列。作者是有名又有利的职业，投入少，进入壁垒几乎没有，促使很多人改行学写作。这样的一个繁荣景象后面必定有很多人被淘汰出局，于是一部分人独辟蹊径，创作各种各样的作品，出现了作者多样化、作品多样化的局面。最后，名人效应更加明显。读者、出版商和媒体都围着名人转，名人效应越做越大，成为社会的一大景观。名人可以通过各种手段产生效益，出版是被选中的重要手段之一。

2. 造纸厂

图书装帧要求的提高和图书介质的转换都会对造纸厂产生影响。出版社对特种纸张的要求提高，使用量也会增加，这对造纸厂的技术提出了新要求。市场对用纸要求会越来越多样化，对纸质、大小、轻重都会有新的要求，而对同一规格的纸用量可能减少。造纸厂应该努力适应这种变化。

二、图书市场环境分析

营销人员肩负着监控市场变化的重要责任。他们是潮流的追随者和机会的发现者，他们有一整套收集信息的方法，他们花费了大量的时间接触客户，他们最了解竞争的含义。

（一）经济环境分析

在中国，沿海地区和内陆地区的经济发展是很不平衡的，沿海地区经济发达，人口众多，城市发展迅速，像广州这种沿海城市人口已超过1800万。显然，图书营销工作的重点应该放在沿海地区，这是由经济大背景决定的。但事物不是一成不变的，国家宏观政策的调整、西部大开发的进程、西部的经济形势等因素都会对图书营销工作产生影响。

另外，我们在分析经济环境时要注意区分时尚、趋势和大趋势。时尚是不可预测的、短暂的和没有社会、经济及政治意义的。趋势是具有某些势头和持久性事件发展的方向。通过确定趋势也许能发现许多机会。随着经济的发展和人民生活水平的提高，健身和养生的书籍销量会越来越好。大趋势是社会、经济、政治和技术的大变化，它的形成是缓慢的，但一旦形成，将影响7~10年，甚至更长。这些趋势和大趋势值得密切关注。只有与强大的趋势相吻合而不是反其道而行之，图书产品和营销计划才能获得更大的成功。

市场不仅需要人口，还需要购买力。实际经济购买力取决于消费者现行收入、价格、储蓄、负债和信贷。高收入者和对价格敏感的消费者的需求是我们最需要关注的，需要对不同的消费者提供不同的图书。

（二）人文环境分析

人文环境是指在一定社会形态下已经形成的价值观念、宗教信仰、风俗习惯和道德规范等的总和。人们几乎是不自觉地接受了人文环境所形成的世界观。为此，出版社应了解和分析人文环境，针对不同的文化环境制定不同的营销策略和活动。

例如，大学教材的推广对象是大学教师，他们受过良好的高等教育，形成了自己的价值观念和道德规范。营销人员在介绍产品时就要注意策略：首先，礼仪要周全，穿着要正式；其次，介绍要实事求是；再次，服务要到位；最后，要尊重教师的价值观。

我们的社会还包含一种亚文化，它由有着共同价值观所产生的共同生活经验或生活环境的人类群体构成。我们可以为他们定制一些图书，这样做比较容易取得较好的销售效果。例如，我们可以为红酒俱乐部成员出版《世界红酒品牌鉴赏》等图书，也可以为车友会出版与某种车型相关的图书等。

（三）政治和法律环境分析

政治环境引导着出版社经营活动的方向，而法律环境规定了出版社经营活动的行为准则。国家所制定的政策，如人口政策、能源政策、物价政策、财政政策和货币政策等，都会对出版社的营销活动产生影响。国家和地方所颁布的各项法规、法令和条例等是出版社营销活动的准则。有时一条法律的颁布对出版社来说还是一次机会。

（四）科技环境分析

人们几乎陷入了电子产品的海洋，除了学校已经没有多少人与书为伴。在城市里，人们几乎睁眼就能见到视频，就能阅读。即使购书，也可以直接通过网络，不怕买不到图书或电子书，图书营销活动很难在这样的环境下开展。

表面上看，线上书店只会拉走一部分传统书店的客户，似乎影响不大，但仅有这点认识是不够的。由于线上书店的挑战，传统书店被迫开始线上经营，并努力完善自己的配送系统，使传统书店有能力与线上书店一争高低，在丰富线上书店的同时，加剧了竞争，从而使线上书店发展更快。这样，本来传统书店想通过网络拉回一部分客户，而事实上却加大了客户线上购书的份额。最终，线上书店拉走了更多的客户。

对传统书店来说，更危险的是线上书店规模的不断扩大，加上社会对网络未来的高期望，使线上企业更有能力并购传统书店。这对传统书店造成巨大冲击。从图书市场整体来说，线上书店的发展，方便了客户，而完备的配送服务系统也使图书服务更上一个台阶，从而发展了图书零售业，促进了图书市场的发展。但出版社要清楚，线上书店其实并没有扩大出版社的读者群体。

改变人类命运的因素之一就是科技。科技创造了许多奇迹，如青霉素的发明，也造出了魔鬼——原子弹，还有一些不知是福是祸的事物，如电子游戏。同时，它也是创造性破坏的因素。复印机伤害了复写纸行业，汽车影响了铁路经营，电视拉走了电影的观众，数字读物抢走了纸质读物的读者。市场的本质是动态的，作为时代进步的代价是容忍科技衍生的破坏。

三、图书市场行为分析

今天的出版社面临着前所未有的激烈竞争，并非只是生产产品和简单推销就能赢得竞争。出版社必须建立强大的客户关系才能成功。理解顾客，和顾客打成一片，全面且深入地研究顾客，已经成为营销工作的重点。

（一）吸引新顾客维持老顾客

现在的顾客比以前的顾客受过更多的教育，有着更多的信息来源，他们有更多的工具来鉴别出版社所宣传的内容，并会寻找更好的替代品。在一定的搜寻成本、有限的知识和收入的制约下，顾客成为价值最大化的追求者。图书是否符合他们的期望，将直接影响他们的满意度和再购买的可能性。出版社要做的就是提高顾客的满意度。

创造顾客价值，出版社有两方面的工作要做。一是提高图书自身的价值，让顾客觉得物有所值，出版社要增加图书的附加值。二是减少顾客花费，出版社要降低图书价格、简化物流程序。

顾客满意与否取决于与这位顾客的期望值相联系的图书的效果。如果效果低于期望，顾客就会不满意。如果效果与期望相匹配，顾客就满意。如果效果超过期望，顾客就会高度满意或欣喜。顾客的期望来自顾客过去的购买经验、朋友的影响、营销者和竞争者的信息及许诺。所以，如果出版社将期望定得太高，顾客很可能失望。但若将期望定得太低，出版社的书籍就无法吸引足够的顾客。最好做到阅读效果与顾客期望一致。

对出版社来说，要做到令顾客满意，只有提高图书质量和服务质量。图书质量包括内容质量、编校质量和印装质量。

另一个话题是顾客关系。出版社利益最大化意味着要建立长期的顾客关系。现在，出版社从大规模营销转向为建立强大的顾客关系而设计更加精确的营销。

今天，我们有能力借助强大的信息系统与顾客建立直接的联系，并建立顾客管理系统。出版社可以通过顾客管理系统分析顾客状况，减少顾客流失，维护顾客关系，挖掘顾客购买潜力和高价值顾客，从而为其提供满意的产品和优质的服务。

顾客对于不同的出版社、书店和品牌有不同的忠诚度。出版社必须有一种具有竞争力的价值计划和价值传递系统。出版社往往把精力集中在产品的开发上，而在传递产品价值上却投入不足或关注不够。

我们总是希望吸引、维持和增加顾客，为此，我们就应该多倾听顾客的声音。毕竟处理好顾客的投诉是出版社应该做的工作。然而，大多数顾客即使对服务不满意也不会投诉，他们仅仅是停止购买。我们要做的是方便顾客投诉，出版社可以安排信息反馈表、投诉电话和电子邮箱。甚至还可以提供24小时的免费电话，或主动联系有抱怨的顾客，或增加服务人员，或加快处理顾客抱怨的速度，不要责怪顾客。有资料显示，在所有投诉的顾客中，有一半的投诉顾客，在其投诉得到解决后还会再次购买。顾客的投诉得到妥善处理后，他们就会把处理情况告诉他们遇到的人。

今天，越来越多的出版社认识到顾客满意和维持现有顾客的重要性。吸引和维持顾客有一些步骤：第一，分析第一个可能购买图书的人——猜想顾客，出版社把他们定为预期顾客。第二，将预期顾客转变成首次购买顾客。第三，把他们转变为重复购买顾客。第四，把重复购买顾客再转变为客户，进行特定的关照。第五，把客户转化为成员，即出版社开始为这些参与的顾客提供整套利益的成员计划方案。第六，把成员转化为拥护者，拥护者称赞出版社的产品并鼓励其他人也购买它的产品。第七，把拥护者转化为合伙人。

在建立顾客关系过程中，要区分五种不同水平的营销：

①基本型营销：业务员只是简单地推销图书。

②反应型营销：业务员推销图书，并鼓励顾客如有什么问题、建议或不满意就打电话给出版社。

③可靠型营销：业务员在卖出图书后不久就打电话给顾客，了解图书与顾客的期望是否吻合。

④主动型营销：业务员经常与顾客电话联系，讨论已购图书的问题和开发新的图书问题。

⑤合伙型营销：与顾客一直相处在一起，无话不谈。

五种营销适用的情况，如表 4-1-1 所示。

表 4-1-1　五种营销适用的情况

种类	高利润	中利润	低利润
顾客/分销商很多	可靠型	反应型	基本型/反应型
顾客/分销商数量一般	主动型	可靠型	反应型
顾客/分销商较少	合伙型	主动型	可靠型

（二）分析消费者的购买行为

在经济社会里，顾客是市场的主体。我们只有在满足顾客需求的一系列活动中才能发展自己，实现企业自身的目标。要做到满足顾客不断变化的购买需求，仅凭表面的观察和经验是不够的。只有了解顾客的购买行为特点，研究顾客购买行为的规律，才能制定营销组合策略，进而满足顾客的不同需求。

1. 购买行为分析的基本内容

在从事有效的营销活动之前，必须搞清楚顾客购买行为表现出来的五个 W 和一个 H，即"什么""谁""哪里""何时""为何"和"如何"。这就是顾客购买行为的基本内容。

什么（what），即了解顾客知道什么、购买什么。出版社需要了解顾客需要什么样的图书，了解顾客的偏好，以提供顾客需要的图书。

谁（who），即了解顾客是哪些人，读者又是哪些人。严格地说，购买者有别于读者，购买者是实际完成购买行为的人，购买者可能是读者，也可能不是。搞清楚这个问题，出版社就可以确定目标对象，更有针对性地开发产品、确定定价和选择促销策略。

哪里（where），即了解顾客在哪里购买、在哪里使用。出版社借此可以建立适当的销售渠道。

何时（when），即了解顾客购买图书的具体时间，出版社和书店可以早做准备。

为何（why），即了解顾客购买的动机，影响其购买行为的因素。

如何（how），即了解顾客怎样购买图书、喜欢哪些促销方式、使用怎样的阅读方式。这个问题清楚以后，我们可以提供更适宜的图书，可以针对不同情况实施差异化营销，吸引更多的读者。

2. 刺激—反应分析

关于以上六大基本内容，我们通过大量观察和了解可以很容易搞清楚五个问题，相比之下，"为什么购买"很难弄明白。因为"为什么购买"是隐蔽的、错综复杂和难以捉摸的。这隐蔽的部分恰恰是我们最想知道、最应明了和最难观察的。尽管如此，我们依旧可以利用行为心理学提出的"刺激—反应"理论，从各种各样的"市场营销刺激"对购买者行为所产生的反应中，推断出产生购买行为的动机。行为心理学的创始人约翰·沃森（John B Watson）指出，人类的复杂行为可以被分解为刺激和反应两部分。人的行为是受到刺激的反应。刺激来自两方面：身体内部和外部环境，而反应总是随着刺激而呈现的。

按照这一原理，从营销者的角度出发，许多营销活动都可以被视作对购买者行为的刺激，如产品、价格、销售地点和场所、促销方式等。这些市场营销刺激是出版社有意安排的对购买者的外部环境刺激。

3. 购买特征

现代营销理论的核心是满足顾客的需求，这是企业营销的出发点和目标。企业要在市场竞争中适应市场、驾驭市场，就必须掌握购买的特征。图书购买特征尤其明显。

购买者多而分散。购买者所在地域各不相同，购书时间不一致，最终导致购买书店和购买时间的分散。

购买的差异性大。购买者因受年龄、性别、职业、文化程度、民族宗教和消费习惯的影响，其需求有很大的差异，对图书内容的要求各不相同。

购买量少，多次购买。个人一次看不了很多书，但阅读是长期的，所以购买频繁。另外，购买力和有效空间的限制，也使购买批量小、批次多。

大多属于非专家购买。大多数图书都是被普通顾客购买。购买者大多缺乏完备的专业知识、价格知识和市场知识。因此，购买者很容易受广告宣传、图书包装和促销的影响，产生购买冲动。

购买的流动性大。在社会主义市场经济比较发达的今天，人口的流动性较大，因而购买的流动性较大。

购书有一定的周期性。领工资的周期性导致消费的周期性，学校的学期制度造成学校和学生用书的周期性。所以，图书市场呈现一定的周期性。

购买的时代特征。流行和时尚会影响年轻人的购买欲望。与时代背景相关的图书比较好售卖，如上海世博会期间，有关世博的图书就比较有市场。

购买的发展性。随着社会的发展，人民生活水平的提高，消费需求也在不断向前推进。现代人可能较以前更关心图书的品位、装帧和美观。

对出版社来说，搞清购买者的特征意义十分重大。它能够帮助出版社根据顾客购买特征来制定营销策略，为读者提供满意的图书。

4.顾客类型

（1）根据顾客的购买目标划分

根据顾客的购买目标，顾客可分为全确定型、半确定型和不确定型。

全确定型顾客在购买图书前已经有了明确的购买目标，对图书的名称、开本、出版社和定价都有明确的要求。进入书店和网站后，主动提出要购买的图书，找到图书就会毫不犹豫地买下。

半确定型顾客在购买图书前已有大致的购买目标，在决定购买前需经过比较选择才能下决心。

不确定型顾客在购买图书前没有明确的购买目标。进入书店和网站主要是参观浏览，了解图书信息。遇见有兴趣或合适的图书时偶尔会购买，一般短时间内就会离开。

（2）根据顾客的购买态度划分

根据顾客的购买态度，顾客可分为习惯型、理智型、经济型、冲动型和疑虑型。

习惯型顾客对某出版社的图书信赖或偏爱，经常、反复购买。购买时很少花时间比较选择。

理智型顾客在每次购买前都要比较研究。购书时，头脑冷静，行为慎重，不轻易相信广告、宣传、承诺、营业员的介绍和各种促销，购买主要取决于图书的品质。

经济型顾客购书时特别重视价格，对价格的反应非常灵敏。他们经常比较同类图书在不同网站上的折扣，对低价促销最感兴趣。

冲动型顾客容易受图书的包装或出版社的促销影响而产生购买行为。冲动型顾客一般以直觉为主，从个人的兴趣爱好或情绪出发，喜欢新奇和时尚的图书，购买时不愿反复地选择比较。

疑虑型顾客具有内倾性的心理特征，善于观察细节，体验深而疑虑大。购书时小心谨慎，疑虑重重，购买缓慢，费时多。往往会犹豫不决而中断购买，购买后还会疑心是否上当受骗。

5. 顾客购买的内在因素

影响顾客购书的内在因素很多，主要有顾客的个体因素和心理因素。顾客的年龄、性别、经济收入和教育背景等个体因素会在很大程度上影响着他们的购买行为。影响顾客行为的心理因素有动机、感受、态度和学习。

动机与购买行为有着最直接的关系。购买动机决定购买行为，而动机是由需要引起的。需要是人们对于某种事物的要求或欲望。需要产生动机，但并非所有的需要都必然产生动机。一种需要必须被激发到足够大时才能发展成为动机。

购买动机有两类：生理性购买动机和心理性购买动机。生理性购买动机是人们满足生理需要而产生的动机，图书消费不属于此类。只有心理性动机有可能产生购买图书的行为。在心理性动机中，感情动机最有可能产生购书行为，主要表现在求新心理、求美心理和求荣心理。理智动机也可能产生购书行为，主要表现在求实心理和求廉心理。惠顾动机有经常性和习惯性的特点，主要表现为嗜好心理，对某品牌青睐有加、偏爱和忠实。

感受是指人们的感觉和知觉。人们通过视、听、嗅和触等感官对外界的刺激物或情景产生反应或印象，形成感觉。随着感觉的深入，各种被感觉到的信息在人的大脑中被分析，进而形成知觉，而知觉对顾客的购买决策和行为影响较大。不同的人对同样的客观事物有不同的感受，分析感受对顾客购买行为的影响，有利于出版社制定经营决策。有时改进包装、颜色，可以加深顾客的记忆，也可以促进销售。

态度是情境和他人倾向及本人性格特点相互作用的结果。态度是指个人对事物所持有的喜欢与否的评价、情感上的感受和行动倾向。我们可以帮助顾客建立对出版社的正确认识，培养顾客对某一类图书的情感，使顾客的态度向着有利于出版社的方向转变。

学习是指由于经验引起的个人行为的改变。顾客在购书中逐步获得经验，并根据经验调整自己的购买行为。顾客往往从广告和周围人的购买经验中学习，为此，出版社要加强自身宣传，激发人们的驱策力。

6. 顾客购买的外在因素

影响顾客购买的外在因素主要有相关群体、社会阶层、家庭和社会文化等。

相关群体影响人们的看法、意见、兴趣和观念，从而影响人们的购书意愿。社会标准往往把人划分成不同的社会阶层，而不同社会阶层的人的经济状况、价值观念、兴趣爱好、生活方式、消费特点等各不相同。家庭对顾客购买行为的影响较大，这主要是因为家庭成员是最早受到影响的群体，不论是购书前还是购书后，社会文化因素对顾客购买行为起着决定性的作用。

7. 顾客购买的决策过程

顾客购买并非就是简单的实地购买，更多的是一个比较复杂的决策过程。这个过程一般需要经过确认需要、寻求信息、比较评价、决定、购买和购买后评价五个阶段。

当顾客对某种图书有需要时，购买过程就已经开始了。接着进入寻求信息阶段，寻求包括图书质量、价格、出版社、品牌和已购买者的评价等信息。比较评价是第三阶段，根据收集到的资料，对各类图书作价值判断。在正常情况下，顾客通常会购买他们最喜欢的出版社的品牌图书。顾客购书后，购买的决策过程还在继续，他们要评价已购买的图书。

（三）组织购买行为分析

有很多消费是通过组织购买来实现的。因此，对组织购买行为分析有利于我们采取合适的销售策略。

1. 组织购买的特征

购买者数量少，每次购买量大。例如教材，一个教师订的是一个班或几个班学生的用书，当然购买者少而购买量大。

购买者看得见，摸得着。组织购买的顾客是固定的，有案可稽的。营销工作较易开展。

需求缺乏弹性。组织购买一般来说需求受价格变化的影响不大。

购买人员较为专业。组织购买量大，一般来说会指派专业人员负责采购。

购买者多为直接购买。组织选择了某出版社的图书，往往会直接向出版社订货。也有的由于上级组织的安排，通过其他渠道订货。例如普通教师订书，由于学校安排教材科统一采购，教师只能把订单交教材科，教材科直接或通过书商向出版社订货。

2. 组织购买的类型

直接重复购买，即按惯例进行订货的购买行为。例如，一门课使用一种教材，一般来说，下学期用书还是用这种教材。

修正重复购买，即适当改变采购图书的数量、价格、折扣和选择出版社的购买行为。这类情况较复杂，参与购买决策的人员较多，或某些决策人员的变化，或组织用书量的变化，导致购买行为的变化。基于此，出版社要尽快开展营销工作，设法保护自己的既得市场。

全新采购，即组织新增项目第一次采购的购买行为。这对出版社来说是一次机会，也是挑战，应该全力营销，争取市场。

3. 组织购买的决策过程

首先，我们要搞清楚组织购买决策的主体参与者。不仅要弄清组织购买过程的参与者是谁，还要弄明白这些参与者在决策过程中充当的角色和起到的作用。我们只有对组织了解透彻，才能采取相应的营销措施。通常情况下，组织购买决策的参与者有：使用者、影响者、采购者、决定者和信息控制者。

①使用者。使用者往往先提出要采购图书的品种和数量等的建议，之后再由上级批准。图书使用者在决策过程中的参与度很高。

②影响者。组织内部和外部被直接和间接影响购买决策的人员。这些人往往是专家、教授和技术人员。

③采购者。一般是专业的采购人员，负责与出版社谈判，采购者是直接操办者，营销人员绝不能小觑。

④决定者。组织中拥有购买决定权的人。在重复购买中，决定者就是采购者；在全新购买中，决定者是组织的领导。

⑤信息控制者。在组织内部和外部能控制市场信息传递到决定者和使用者那里的人员。由于信息不对称，决定者和使用者知道的图书信息有限，这时决定者的秘书、书商和技术人员就是信息控制者。

当然，不是所有组织都必须有以上五种人员参与决策。组织的规模决定了参与者的人数。所以，组织越大越复杂。对于市场营销人员来说，必须了解主要决策参与者是谁，以便采取适当的措施，影响其中的重要人物。

组织购买决策的主要阶段。在直接重复购买的情况下，并不需要多谈购买阶段。在修正重复购买时，购买阶段较多。在全新购买时，情况较为复杂，过程很长，要经过以下8个阶段。

①认识需求。购买过程是从组织的某些人员认识到需购买某种图书以满足组织的某种需求开始的，这种认识需求是由刺激引起的。内部提高业务的需求、外部广告等刺激、引起某些人员的觉悟，进而产生认识需求。

②确定需求。产生认识需求后，第二步是确定需求图书的种类和数量。

③说明需求。请专家对所需图书进行分析说明，以确定采购方案。

④物色出版社。根据组织所掌握的信息选择出版社或书商。

⑤征求建议。相关出版社或书商出价竞标。

⑥确定出版社。在比较相关出版社或书商后，最终确定某一家或多家出版社或书商。

⑦正式订货。确定出版社或书商后，通过谈判达成协议，给出版社或书商发出最后的采购订单。

⑧检查合同履行情况。采购部门最后还要向使用者征求意见，了解他们使用情况，检查和评价出版社或书商合同履行情况，然后根据这份意见，决定是否继续与这家出版社或书商合作。

（四）目标市场的选择

图书市场并非同质的。在巨大的、广阔的和多样化的图书市场中，一个出版社不可能为所有的顾客服务。顾客人数太多，而他们的购买要求又各不相同，所以出版社需要辨认出其能为之提供有效服务的细分市场。为减少决策错误，出版社千万不能过高地估计自己的能力，可以和其他出版社一起追逐同一个细分市场。同时，对顾客的购买行为需要有深刻的认识。而出版社的战略决策要慎之又慎。

1. 图书市场的细分

为了完成任务，许多出版社正在从事目标营销。他们采用的不是分散营销方式或大众化的营销方式，而是把精力集中在具有最大购买兴趣的顾客身上的营销方式。

图书的细分市场是由有相似图书需求的顾客组成的，它是客观存在的，并不是人类主动创造的。我们的工作是辨别细分市场和选择细分市场。出版社可以根据细分市场的要求进行图书的设计、定价、分销和促销，也可以根据竞争者的营销方案调整自己的营销计划。

那么，图书市场如何细分呢？很多人经常把细分和阶层混淆。例如，年轻人和中等收入人群是一个阶层，但不是一个细分市场。细分市场的方法一般有两种，即根据顾客特征细分和通过顾客对图书的反应细分。我们可以列出一些市场细分的因素，其中包括地理因素、人文因素、心理因素和行为因素。

（1）地理因素

①地区。发达地区，欠发达地区；东部地区，中部地区，西部地区，北方地区，南方地区；东北，华北，华中，华南，西北，西南；超大城市，大城市，中小城市；农村，城区，郊区；平原地区，高原地区，山区，丘陵地区，盆地；一线城市，二线城市，省会城市，地级市，区县，乡镇，村。

②人口密度。1万人以下，1万～5万人，5万～100万人，100万～500万人，500万人以上。

③气候。海洋性，高原性等。

具体实施步骤如下：

①收集数据：通过调查、观察和数据分析，收集关于不同地区读者的阅读习惯、偏好和购买行为的信息。

②划分市场：根据地理因素，将读者群体划分为不同的地理单元，如城市、乡村、不同省份等。

③分析需求：对每个地理单元的需求进行分析，确定该地区的特定需求和兴趣。

④制定策略：根据分析结果，为每个细分市场制定相应的营销策略和产品开发计划。

例如，一个出版社可能发现某个城市的读者对科技类书籍有较高需求，而另一个城市则对文学类书籍更感兴趣。基于这些发现，出版社可以调整出版计划，增加科技类书籍在该城市的供应，同时保持文学类书籍在另一个城市的供应。通过这种方法，出版社能够更好地满足不同地区读者的需求，提高图书的销售和市场占有率。

（2）人文因素

①年龄。6岁以下，6~11岁，12~15岁，16~18岁，19~22岁，23~34岁，35~49岁，50~59岁，60岁以上。

②家庭规模。1~2人，3~4人，5人以上。

③家庭生命周期。青年，单身；青年，已婚，无子女；青年，已婚，最小子女不到6岁；青年，已婚，最小子女6岁或6岁以上；较年长，已婚，与子女同住；较年长，已婚，子女都超过18岁；较年长，单身；其他。

④年收入。3万元以下，3万~10万元，10万~50万元，50万元以上。

⑤职业。专业技术人员，管理人员，公务员，商人；农民，工人，军人；学生，教师；失业人员。

⑥学历。小学，中学，中等职业，大专，本科，硕士，博士；肄业生。

具体实施步骤如下：

①确定细分标准：根据年龄、性别、职业、兴趣等人文因素，确定细分的标准和维度。

②市场调研：通过问卷调查、访谈等方式，了解不同细分市场读者的具体需求和偏好。

③制定营销策略：根据调研结果，为每个细分市场制定针对性的营销策略和产品开发计划。

④实施和评估：将营销策略付诸实施，并通过销售数据和读者反馈评估效果，不断调整和优化策略。

例如，针对儿童和青少年的图书市场，可以根据年龄细分进一步细分。例如，针对3~6岁儿童的绘本通常注重图画和简单故事，而针对6~12岁儿童的书则可能包含更多的知识和情节复杂的故事。这种细分有助于出版社更准确地定位目标读者，提高图书的销售量和市场占有率。

（3）心理因素

①生活方式。文化型，运动型，户外生活型。

②个性。理智型，情感型，意志型。

具体实施步骤如下：

①确定细分标准：根据消费者的生活方式和兴趣爱好，将图书市场划分为不

同的细分市场。例如,可以将市场细分为健康生活、科技探索、文化艺术、教育学习等几个主要领域。

②分析各细分市场特征:

健康生活类图书:主要面向关注健康、养生、健身等领域的读者,包括健康指南、养生书籍、运动教程等。

科技探索类图书:适合对科学技术、最新科技动态感兴趣的读者,包括科普读物、技术教程、未来科技展望等。

文化艺术类图书:主要面向艺术爱好者、文学爱好者等,包括文学作品、艺术鉴赏、历史研究等。

教育学习类图书:涉及各个教育阶段和学习需求的图书,包括教科书、参考书籍、语言学习材料等。

③选择目标市场:根据企业的战略目标和资源情况,选择一个或多个细分市场作为目标市场。例如,如果企业专注于出版科技类图书,可以选择科技探索类图书作为主要目标市场。

④定位和营销策略:针对选定的细分市场,制定相应的营销策略。例如,对于健康生活类图书,可以通过社交媒体和健康讲座进行推广;对于文化艺术类图书,可以通过文化活动和文化节进行宣传。

(4)行为因素

①时机。普通时机,特殊时机。

②追求利益。质量,服务,经济,速度。

③阅读状况。从未阅读,以前读过,有可能阅读,第一次阅读,经常阅读。

④阅读率。不常阅读,偶尔阅读,经常阅读。

⑤品牌忠诚度。无,一般,强烈,绝对。

⑥准备程度。不知道,已知道,有兴趣,想得到,企图购买。

⑦对图书的态度。热情,积极,不关心,否定,敌视。

具体步骤如下:

①根据读者购买行为细分市场:通过分析读者的购买记录和购买偏好,出版社和书店可以更好地理解不同读者的需求,从而提供更加个性化的推荐和服务。例如,高频购买者可能对特定类型的图书有持续需求,书店可以为此类读者提供

订阅服务或优先通知新书上市信息。

②根据读者使用行为细分市场：了解读者如何使用图书，可以帮助出版社开发更适合市场需求的产品。例如，专业书籍使用者可能需要更多的学习资源和辅助材料，出版社可以提供相关的在线课程或学习工具。

③根据读者互动行为细分市场：通过分析读者的互动行为，可以了解读者的参与度和忠诚度。活跃互动者可能对图书有更高的期待和需求，出版社和书店可以通过增加互动机会来提升读者的满意度和忠诚度。

然而，即便是一个清晰的细分市场，也有部分假设的成分，因为世界上没有完全相同的两片叶子，不存在两个需求完全一样的购买者。关于组织购买的情况，以上细分因素同样适用。组织购买者可以按地理因素、追求的利益和使用率等加以细分，但还要加上一些因素，如行业、组织规模、组织地区、组织权力结构、采购政策、订货量等。

2. 明确出版社的市场定位

由于图书市场太大，一家出版社不可能服务所有的图书市场。事实上，每个出版社都有自己的市场定位，只会服务于一个或几个细分的图书市场。出版社编辑部的定位越明确，则其出版图书的产品线市场定位会越精确。编辑的定位也是一样的。囿于编辑自己的专业背景，往往只能组织一个细分市场的图书书稿，编辑也因此显得很专业。

3. 评估和更新目标市场

一旦出版社确定了自己服务的细分市场，就必须评价各个细分市场，进而决定为多少个细分市场服务。

并不是所有的细分都是有效的。一个细分市场的大小和购买力是可以衡量的，否则该细分市场就是无效的。细分市场的规模应该大到足够获利的程度，确保出版社值得为之服务，否则该细分市场是无效的。为宇航员专门设计的图书销量就很小，所以这个市场细分不成立。细分市场应该是出版社能有效为之服务的市场，否则这个细分就是无效的，如为外星人设计了解地球的书，因为出版社没法把书送达，无法为外星人服务，所以该细分市场不存在。细分市场之间应该有差异，要能被大多数人区别开。另外，服务于细分市场的计划要能够表达出来并能够执行，无法操作的细分市场也是无效的。

总之，评价一个细分市场必须考虑细分市场的总体吸引力，它的大小、成长性、盈利率、规模经济和风险程度等。还需要考虑出版社的定位和出版社所拥有的资源情况与细分市场是否一致。某些细分市场虽然有较大吸引力，但不符合出版社的长远目标，因此不得不放弃。另外，由于市场的不断变化、细分也是动态的。所以，市场细分工作必须定期进行，以不断地完善和优化产品和营销工作。

第二节　图书的营销渠道

一、书店营销

图书销售最常见的场所是书店，书店是营销工作的主战场，书店营销是营销工作的关键。我们必须对书店的运作很熟悉，对书店管理很了解，对经营者的决策很清楚，对书店的业务员很关心。还应该常到书店看看，及时了解自己的图书上架情况，听听营业员的反馈意见，关心并指导营业员的工作。

（一）了解书店管理

1. 图书要分类管理

不论书店大小、特色如何，图书都是分类管理的。按书店规模划分，主要有大型书店、综合类书店或书城。其中，有些图书是按一级学科分类的。在一个楼层里或一个区域里，往往会摆放一个学科的图书，这些图书再按二级学科或一定规律分类，有些可能在二级学科的基础上还要再细分，流行的图书或畅销的图书往往摆放在最显眼的或最好的书架上。很多小书店或专业书店，虽然只经营一类或几类图书，品种相对单一，但图书摆放也是分类的，可能直接按二级学科分类，如经济书店，也可能是这样分类的：财政、银行、证券、期货、股票、会计、商业、营销、物流、企业经营、考证、专著、教材、教辅等。

书店的图书一定是分类管理的，这既方便了读者查找，又方便了书店管理。

2. 书店要有特色

每家书店都有特色，特别是连锁书店。书店的 LOGO 有特色，书店的经营品种有特色，书店的管理有特色，书店的布置也有特色，而老店则更有特色。对书店而言，特色是差异化经营的手段，是其生存的需要。出版社只有充分利用书店的特色，才能更好地进行销售。

3. 分配与调整货架

书店的面积是有限的，货架也是有限的，好的货架更是有限的。书店会根据书店的特色和服务的读者情况布置货架。好的货架经常被畅销书和长销书占领。能体现书店特色的图书会摆放在好位置的货架上，而读者常买的图书类别会出现在好位置的货架上，同时新书也会放在好位置的货架上。并且，能体现书店特色的图书会摆放较多的货架。甚至周边读者常买的图书种类会摆放较多的货架。

当然，随着读者喜好的变化，书店货架上的图书摆放也会调整。货架本身摆放的位置和角度也会阶段性变化，从而让读者感觉到新意。新书上架，旧书下架，是经常性工作。常年没有销售的图书会下架或放在普通书架上充数。有时，为了让读者有新鲜感，书店也会加快书架的周转，此时新书下架的速度会很快，有些书一两周就下架了。在书架上，我们可以看到残酷的市场竞争，一旦图书不好售卖，就会下架，图书的生命周期也会就此结束。

4. 图书上架与书架整理

出版社的新书源源不断地来到书店，图书的上架和书架整理是营业员的常规工作之一。新书除了必须在分类书架上架，什么样的新书该上最好的书架是营业员要考虑的问题。一本新书上架就意味着另一本相对旧的图书下架，或令一本新书上不了架。在有限的书店空间和有限的书架面前，营业员需进行合理选择。那么，哪些因素影响营业员的选择呢？新书的内容、出版社的品牌、封面、出版社的业务员、书店领导、读者和营业员的经验等都是影响因素。关于如何抢占书架，需要出版社的编辑和书店的营业员协调处理。在书店营业期间，若营业员发现读者抽走了一本书就必须马上补上。书店有货随手就能办到，书店无货时要记录下来，有空时到仓库调货，无空时下班后调货，第二天补架。

书架的整理涉及图书的摆放，关系书店的形象。常见的图书摆放方式就两种：平放（让读者看封面），竖放（让读者看书脊）。

平放时，同一种书可以垒起来放，一本书的位子可以放一本、两本或很多本。优点是：图书信息，特别是封面信息可以尽情展现，一套书摆放在一起特别好看。读者取书、看书都很方便。缺点是：不同内容的图书放在一起很不美观，不同开本的图书放在一起感觉很乱。同类图书摆放在一起又让读者犹豫，延长了其选择和购买时间。平放图书整理工作主要是图书归位，图书售缺补书。还要注意垒放的高度，畅销书和不畅销书摆放在一起，一段时间后就会发现图书垒放的高度有落差。这时，要么补货，补足畅销书的册数，要么把不畅销书撤下，换上其他的新书。

竖放时，可以节约书架空间，放更多的图书。一般书店大量采用竖放的方法。图书上架时也有技巧，常见的是一种图书竖放两本，一方面相对竖放一本比较醒目。另一方面在于，读者抽掉一本之后书架上还有一本，即使营业员没有看到读者抽走了书，在整理书架时也能发现。如果上架一本书，那么对营业员的要求较高，读者抽走一本书必须马上发现，否则该书售缺很难发现，将会影响销售。当然，也可以增加上架数量，以便轻松补架，但上架图书品种成倍减少。因为图书竖放，读者只能看到书脊，所以封面设计时一定要重视书脊设计。

书架的整理不仅这些，每过一段时间，营业员还要根据销售情况对图书的摆放进行整体调整。不好卖的图书要么下架，要么调整到不显眼的书架。原先认为不好卖的图书畅销了，就应该调整到好的书架上去。这样，过一段时间读者进书店就有新鲜感，也会就此勾起读者淘书的热情。

5. 实施无架销售

无架销售是相对有架销售而言的。书架又分固定书架和不固定书架。固定书架是不能动的，而不固定书架则可以移动位置。无架销售是指利用除固定书架以外的空间进行销售，以获得更多的利润。

如果书店场地允许的话，有些地方并不需要摆放书架，直接在地上堆书即可，称为码堆。这种方式特别醒目。一般重点书、畅销书可以这么摆放，也有在特别活动时，把一类书这么摆放的。

书店的柱子也是引人注目的地方。可以把柱子装饰一下，重要的书摆放在柱子周围，宣传效果会比较好。楼梯、电梯、书橱等书店设施都可以利用起来，用图书或图书宣传品装饰，给人以徜徉书海之感。更有甚者，天花板和地板上都是图书的宣传，为顾客营造出一个书的天地。墙壁也可以利用起来。除了用作宣传，还可以摆放一些特别的图书，如挂历、地图、画册和挂图等。书店的空间，特别是门口的上方，可以挂出横幅，既可作宣传也可渲染气氛。橱窗是一个很好的对外宣传阵地，设计好的话将会夺人眼球。

法律允许的话，书店门外也是图书宣传的好地方，要好好利用，目的是把大街上的潜在读者引进书店。

6. 要有导购系统

告诉读者要找的图书在什么地方非常重要。虽然有很多读者是有备而来的，但也有部分读者只是抽空出来买书，所以他们需要尽快找到自己需要的图书。于是，导购系统就显得非常重要，特别是在大型书店和书城中的作用非常明显。

导购系统的基础是书架分类和电脑系统。书架分类清楚、明了、方便，可以为读者节省很多时间。电脑查询方便的话，也能提高工作效率。

店门前除了要提示书店的营业时间，还应提供书店的图书布局图，大型书店一般要提供每个楼层的图书分类图，让读者知道自己要买的图书在几楼。

进门以后应明确指示楼梯在哪里。在楼梯旁，还应有各楼层布局的指示牌，指引读者到达购书楼层。

各楼层应在醒目的地方设置本楼层布局图。读者可以按图索骥找到想要找的图书。在每个书架上方或书架上都有本书架的分类提示。

在书店门口，提供书店导购小册子会很受读者青睐。若是再提供电脑检索，且出版社检索、作者检索、书名检索等功能齐全，读者会觉得更方便。当然，还需要确保电脑图书资料更新要及时，图书上架与电脑更新要同步，以免读者因查不到而失望。

条件允许的话，在书店门口和各楼层都设导购员，提供人工导购服务，效果会更好。营业员也是导购员，在自己所管理的书架范围内，营业员就是最好的导购员。

7. 服务体系要完善

书店的服务内容很丰富，除了导购服务，书店还可提供阅读服务、复印服务、打包服务、邮寄服务、休息服务、茶水服务、充电服务、音乐服务等。根据书店的条件和经营理念，可以设计不同的服务体系。

8. 开展多种促销活动

书店可以定期或不定期地自行或与出版社合作开展促销活动。有时，出版社也会借书店的场地开展促销活动。

促销活动有很多种，如打折、签售、读者讲座、自制畅销书排行榜、赠送礼品等，书店可以根据需要进行选择。在竞争激烈的地方，促销活动会经常进行。

(二)加强书店与出版社的合作

在书店营销中,出版社与书店的友好合作很重要,只有建立良好的合作关系,才能双赢。社店合作是潮流,合作的前提是相互信任。所以,书店经理与出版社领导之间的沟通交流是合作的基础。

简单地说,在操作层面上就是出版社尽量配合书店的活动,书店也积极地配合出版社的活动。

(三)加强社店业务员的沟通

社店合作的常规工作是由出版社的业务员与书店的业务员合作开展的,他们之间的沟通是重要的。

1. 确保信息对称

社店业务员之间的沟通目的之一是确保出版社与书店之间的信息对称。出版社有什么新书、有什么活动、有什么变动,要及时告知书店。书店有什么活动和变动也要及时告知出版社,特别是读者的反馈信息要快速告知。出版社服务中的问题更要反映出来,让出版社及时调整,提高其服务质量。保持信息畅通是业务员的要务。

2. 确保物流畅通

图书卖得好,物流很重要。书店最担心的是好书到不了书架上,书架上摆放的都是滞销书。特别是书店下的订单要及时处理,物流不畅通造成好书不能实现有效销售,会导致出版社的服务和形象大打折扣,有些损失是很难挽回的。业务员要快速处理订单,无货时要及时告知相应工作人员,有货则快速处理,确保订单及时处理。

3. 确保运作流畅

在开展活动时,要确保运作流畅。不论是书店的活动还是出版社的活动,业务员之间只有充分沟通,才能保证活动有序进行。从策划、宣传、布置到组织,每一步都要沟通,以确保活动效率最大化。

(四)加强业务员与书店经营者的沟通

业务员与书店经营者之间的沟通,业务员是主动的一方。每次出版社的业务员到书店都要约书店经营者见面,了解经营者新决策,掌握企业新动向,了解书店员工近况，了解书店资金流动情况，确保社店合作的正常进行。业务员往往最关心书店的回款情况，但不可不间断地催款，要想办法做好服务，加强合作，彰显诚信，做好自己的工作。

二、无店铺营销

无店铺营销有很长的发展历史，只不过在当代互联网的催化下有了飞速发展。最传统的无店铺营销是上门推销和电话推销，后来在西方出现了图书俱乐部营销方式。直到20世纪90年代，互联网上出现了以亚马逊为首的网络书店，而发达的现代媒体业造就了媒体营销。我们把这些营销方式统称为无店铺营销。在当代无店铺营销与实体书店营销并存，双方也有着激烈的竞争。

（一）无店铺营销的特点

无店铺营销的第一个特点当然是无店铺，它并不需要经营场所，只借助虚拟的空间即可进行营销。第二个特点是成本低。无店铺营销至少不需要租用场地，省去了很多成本，同时它又特别有利于直销，省去了批发环节，使得进货成本大大降低，有利于竞争。第三个特点是图书售价低。因为进货价格低，无店铺营销就有了让利读者的空间，所以网络书店出售的图书价格一般要比实体书店低。第四个特点是灵活的经营时间。

（二）无店铺营销的类别

1. 上门推销

上门推销是最古老的无店铺营销方式，这种营销方式现在还在运用，只是已经很少见了。有些专业图书的销售还在用上门推销的方式，如医学图书，特别是医学专著，现在有很多依旧是直接找到医学专家销售。除此之外，还有经营类图书，直接到企业经营者办公室推销。而且工具书也适合上门推销。一般而言，上门推销的图书定价都比较高，有较大的还价空间。

2. 电话推销

有一段时间电话推销很流行，现在电话推销却很难做。这主要是因为尽管通信发达，但社会诚信缺失，人们很难通过电话做成生意。能做成的都是以前延续下来的老客户，或行业内、系统内的客户。一些通过系统发行的图书适合电话推销。

3. 图书俱乐部

在中国没有特别成功的图书俱乐部销售案例。欧洲最成功的图书俱乐部贝塔斯曼曾经在中国有过几年的运作，但不成功，最后撤出了中国。图书俱乐部是一种会员制的营销模式，会定期给会员发图书信息，也会通过电话沟通进行销售。

4. 网络书店

图书是最适宜在网络上销售的商品。当年亚马逊为开线上商店从20多种商品中选中了图书，开始了亚马逊网络书店的经营。我们说的网络书店分两种：一种是线上专业书店，像亚马逊、当当，还有出版社开的网络书店，只卖图书；另一种是在网站上开书店，像天猫，图书只是其中的商品之一。从效果看，线上专业书店更好。网络书店在线下有庞大的配送系统，能做到随订随送，有的店铺甚至承诺24小时内到货，对读者来说购书很方便。缺点是在下单前不能很好地阅读和比较。

第三节 图书的营销策略

我国出版市场已进入买方市场，读者需求已多样化、个性化，而且在不断变化，但相当多的出版人仍然不重视营销。目前，众多出版社在思路上把发行等同于营销；在机构设置上把图书经营流程简单地划分为编辑、制作和发行三个环节，缺少重要一环——市场营销。

一些出版社不讲营销的客观原因是：改革开放前出版市场供不应求，如今虽然出版市场发生了很大变化，但有些出版社出于种种原因，还没有完全看到或懒得正视营销的必要性；有的图书读者群体和销售渠道固定且"独此一家，别无分店"，似乎没什么好"营销"的；有的图书"吃补贴饭"；有些自感危机的出版社自己知道必须，而且也很想走向市场，但在管理体制、经营理念、员工素质等方面有相当的距离，难以实施营销战略。

面对日益开放的出版市场，中国出版业要在激烈的市场竞争中健康成长就必须转变经营理念。

出版社营销不是推销。从出发点上看，推销的出发点是出版社现有出版物，而营销的出发点是出版社目标读者及其阅读需求。从经营目标上看，推销是要通过一次次具体销售来获取利润，而营销是要通过让读者满意来获得利益和市场份额。从表现形态上看，推销工作对象主要是物流，而营销工作对象主要是信息流。

一、图书市场定位策略

图书市场定位，即出版发行企业根据图书流通及自身的资源和技术条件，确定自身在目标图书市场上的竞争地位。现代市场营销强调市场细分化、市场目标化和市场定位化的有机统一，图书市场定位是以市场细分化和市场目标化为前提的。为实施有效的图书市场定位，企业不仅要对自身的资源与技术有客观的估价，还要对目标图书市场的竞争状况有充分的了解。通过细密的市场调研，弄清企业即将进入的目标图书市场上有哪些竞争对手，不同竞争对手所采取的竞争手段及其竞争实力与所处的流通地位。在此基础上，力求以创新的竞争思路与独特的竞争手段在目标读者群体中形成辐射力，扩大本企业在目标图书市场上的营销影响。

图书流通环境和出版发行企业的资源与技术条件是不断变化的，图书市场的竞争态势在不同时期有不同的表现形式，企业所采取的市场定位方式也要在动态中调整，在动态中优化。一般说来，有以下四种定位策略可供选择。

（一）优势定位

优势定位策略是指决策者在进行了深入的研究和充分的论证之后，将企业的资源与技术优势结合起来形成营销组合，在图书市场强势推出。实施优势定位策略，前期企业需要投入更多的资源，包括人力资源、物质资源和资金，而且在实施过程中，必须设计一个新颖的宣传口号进行营销创新，还需要对目标人群的匹配程度进行深入的分析，并对竞争对手的应对策略进行预判。一旦确立了自身的定位优势，就应立即采取行动，迅速拓展目标市场，以确保自身在该市场中的地位得以巩固与提升。

（二）避强定位

避强定位，即企业在择定目标图书市场时，有意避开竞争实力较强的对手，选择在有利于企业并能充分利用的目标读者群体中加大投入。为实施这种定位策略，企业的决策层须综合多种主客观因素进行分析，包括哪些是竞争对手尚未考虑占领和开发的市场"空缺",哪些是竞争对手尚未运用过的营销手段,哪些是竞争对手虽已进入但尚未形成营销优势的"弱部"等。

(三)复合定位

复合定位,即企业在选择多个目标图书市场时,一方面要集中资源和技术优势,打入主要的目标图书市场,并力求形成竞争优势;另一方面要集中一部分资源和技术力量,占领开发其他目标图书市场。一般来说,出版发行企业择定两个或两个以上的目标图书市场,即存在复合定位问题。对两个目标图书市场的占领或开发,又称双向定位;对两个以上目标图书市场的占领或开发,又称多向定位。

(四)重新定位

重新定位,即二次定位或转换定位,通常是指出版发行企业借助对营销过程的跟踪观察和对营销效益的综合评估采取的一种灵活机动的定位策略。具体分为以下几种情况:①图书流通环境出现重大变化;②初次定位选择论证偏差;③目标图书市场竞争对手增多;④目标读者群体需求总量减少。重新定位有的是企业为寻求新的图书市场所作出的选择,有的则是企业面对过于强大的竞争对手而对本企业进行的动态调整。

二、图书市场发展策略

图书市场竞争态势、读者阅读需求、企业资源与技术条件这三个主要因素是出版发行企业研究、制定图书市场发展策略的主要参考依据。目的在于如何以新的竞争手段和营销组合满足目标读者群体的阅读消费需求,以便争取更多、更大的市场份额,从而促进企业的发展。

(一)扩张性策略

扩张性策略通常是出版发行企业以现有流通环境为基础,在维持原有市场占有率的前提下,寻求目标图书市场进一步扩张的发展策略。具体分为两种类型:一是市场渗透策略,即在保持原有目标图书市场占有率的基础上,以新的营销手段扩大目标读者群体。例如:当目标图书市场上读者的阅读需求趋于相对饱和时,吸引非目标市场的读者投向转移；当本地目标读者群体的阅读需求相对饱和时，主动向外地目标图书市场渗透。二是市场开发策略，即以读者潜在阅读需求为基础，争取新的阅读消费群体和开拓新市场。就出版生产部门而言，主要是新产品的开发，包括开发适应读者潜在需求的新产品和原有产品进入销售期后再次进行精加工所开发出的新产品；就图书发行企业而言，主要是市场空间和读者群体的开发，包括服务方式的改进与营销手段的创新等。

（二）多元化策略

多元化策略是市场经济环境中企业求生存和发展的必然选择。在图书流通领域，企业的多元化经营实际是指多个目标图书市场选择与多种发展策略的有机组合，是企业参与图书市场竞争、扩大目标图书市场的自觉行为。具体包括两方面：一是纵向多元化，即企业在营销实践中运用一体化策略，推进目标图书市场向纵深发展。通常是以图书产品或商品的推陈出新为导向，以多种形式的营销服务为手段，以扩大目标图书市场的销售总量为取向。其目的在于形成优势，扩大规模，增加盈利。二是横向多元化，即企业在营销实践中同时落点于多个目标图书市场的平行开拓。其中，有的是集中企业的资源与技术优势同时向多个目标图书市场扩张，有的是以一个目标图书市场为基点带动其他目标市场的开发。三是复合多元化，即企业在营销实践中实行交叉、合成式的综合开发，既有深度发掘，又有平行开拓。要实施这一发展策略，需要有严密的调研论证，力求把竞争风险减少到最低程度。

三、图书市场竞争策略

（一）以质量取胜

以质量取胜，即企业要充分利用"质"的优势，提高自己在图书市场的竞争力，以求在图书市场上立于不败之地。图书出版涉及多个环节，不同的环节有不同的质量标准。在目前的出版环境下，许多出版企业对提高图书的印刷品质给予了较大关注，会通过印刷品质好、质量强、题材新的图书来吸引读者。在书籍的版权页面上清楚地写着"图书如有质量问题，可向承印厂调换"的提示语，这是出版社对读者作出的一种品质保证，体现了出版社负责任的态度。

（二）以速度取胜

企业在面对市场变化时要快速作出反应，以便在市场竞争中站稳脚跟。其"快"，又具体体现在多种营销组合要素上，包括产品或商品的结构调整快，生产或营销方式转轨变型快，新产品或新型服务投入快，仓储发运流程及分销或推销速度快等。此外，缩短出版和运输周期，也是快速取胜的一个重要方面。

（三）以信誉取胜

信誉取胜，即企业以良好的服务信誉，巩固目标图书市场。就图书购销关系而言，涉及交货地点与期限、交货品种与数量、交货折扣等信誉保证；就图书商品交换而言，涉及读者预订购书、邮购图书寄发、残缺图书退换等方面的信誉承诺。在我国，中小学课本的"课前到书，人手一册"，不仅是出版发行企业的一项政治任务，也是企业对读者的一种信誉承诺。

（四）以价格取胜

在图书市场竞争中，出版生产企业根据读者的消费水平制定合理的图书价格，即价格取胜。图书的质量与价格存在着紧密的联系，只有当图书产品兼具优良的品质与实惠的价格时，才能薄利多销。长期以来，日本出版界一直采用"目标成本"管理方法，而我国的一些出版企业也逐渐引入"最小利润率"的原则。这两种做法均将图书产品的成本控制在相对低的水平，并确保整体投入符合这一最低成本标准。这有助于出版生产企业在市场竞争中占据有利地位。

（五）以联合取胜

联合取胜是指出版社要打破地域、部门和所有制等多种限制，在综合考虑资金、技术、市场等条件的基础上，积极进行规模经营和联合开发。采取联合策略，既可以促进某一地区的目标图书市场的充分发展，也可以建立起较强的联合集体，从而以各种方式影响其他地区的图书市场。在我国，组建多元化的出版发行集团，以及推动不同出版发行企业之间建立紧密或灵活多样的横向合作关系，已成为图书市场竞争中的关键策略与有力工具。

第五章　图书的出版管理与要求

图书出版必须坚持为人民服务，为社会主义服务。本章介绍了图书的出版管理与要求，分别论述了图书出版管理机构、图书出版管理手段、图书出版人的素养要求等三方面内容。

第一节　图书出版管理机构

出版管理机构的出现是出版业发达的标志之一，是政府对日益强大的出版业加强管理和控制的必然产物，也是出版业维护自身利益的需要。

出版管理机构按其性质可以分为：政府（包括执政党）的出版管理机构和出版业系统的行业管理机构两类。

一、政府出版管理机构

出版管理机构不仅仅是管理图书的收藏禁毁，还是对图书的生产、流通等所有的环节进行管理；它不仅仅是管理政府出版物的生产、流通和收藏，更是对整个社会的图书的生产、流通等进行全面管理。不是说哪个机构偶尔管理了一次出版活动，就成了出版管理机构，而是看这个机构是否具有固定的管理职能。

后唐宰相冯道和同僚李愚奏请令国子监刊刻九经，开了政府出版的先河。从此，那些专司典藏修订图书或与之有关的机构，也就顺理成章地成了兼管书籍出版的机构。宋朝时国子监是最高教育管理机构，也是出版管理机构和国家出版机构。它们虽不具有完备的出版管理机构性质，但确属具有一定意义的出版管理机构。

在我国，现代意义的出版管理机构是成立于20世纪初清政府的巡警部（后改称民政部）及学部。19世纪初，近代印刷技术开始传入我国，近代出版企业开始出现，出版的社会影响不断扩大，在这种情况下，1905年9月，清政府始设巡警部为全国最高公安机构。巡警部的警法司内设有检阅科，掌管检阅报章书籍，管理京外报馆、书房事宜。巡警部所属的内、外城巡警总厅，设警务处，下辖的治安股，负责检查集会、结社、新闻纸、广告等，营业股负责管理厂商的开业歇业、市场、商标和版权等事宜。

1906 年，清政府设立民政部取代了巡警部，民政部的警政司内设高等警务科，负责检查新闻杂志及各种图书出版、集会、结社等。其疆理司负责地图、地志的审定。清政府的学部始设于 1905 年 12 月，负责掌管文化教育工作，学部的总务司负责审核图书典籍、审查教科图书等工作。

1911 年的辛亥革命推翻了清王朝，结束了几千年来的封建制度，建立了资产阶级民主共和国——"中华民国"。不久，辛亥革命的果实落入了北洋军阀手中。北洋政府管理出版的机构是内政部，其警政司负责著作、出版事宜。另外，教育部对教科书进行管理。与清政府出版管理机构相比，"中华民国政府"的出版管理机构更多，对出版的管理也更加严格。

1927 年，南京国民政府建立后，加强了对出版的管理，由内政部负责出版机构的注册、登记等工作。

从 1949 年 10 月 1 日中华人民共和国成立以来，出版管理机构一直在不断地发展与完善。

早在 1921 年中国共产党成立之初，就由中共中央宣传部管理出版工作，1924 年成立了专门的出版管理机构——中央出版部。后来，中国共产党管理出版的机构名称虽然不断变化，但对出版的管理一直没有放松。1949 年在全国即将解放之际，成立了中共中央宣传部出版委员会。中华人民共和国成立以后，在中共中央宣传部内设立了新闻出版处，负责管理全国的新闻出版工作。

1949 年 10 月 19 日，中央人民政府任命胡愈之为中央人民政府出版总署署长，11 月 1 日，中央人民政府出版总署正式成立。1954 年，根据《中华人民共和国国务院组织法》的规定，国务院不设出版总署。1954 年 11 月，出版总署撤销，所有出版行政管理业务归文化部。

1954 年 11 月，在文化部内成立了出版事业管理局，管理全国的出版事业。后来，出版事业管理局的编制和内部设置有增有减，但一直是文化部的内部机构。

1966 年，出版行政管理机构陷入瘫痪。1967 年，出版局的部分人员组成了"毛主席著作出版办公室"，负责毛泽东著作的出版工作。1970 年 5 月，为了加强对出版工作的领导，国务院成立了"出版口三人领导小组"；同年10月，根据周恩来的指示，毛泽东著作出版办公室并入国务院出版口，成立了"出版口五人领导小组"，仍属国务院领导，内部建制为三部二室，即政治部、出版发行部、印刷部、办公室、计财室。

1973年7月，国家出版事业管理局成立，归国务院领导。主要任务是统一管理全国的出版、印刷、发行、物资供应及印刷科研、教育部门的工作。内部建制为三部二室，即政治部、出版部、印刷部、办公室、计财室。

1982年5月，根据《全国人民代表大会常务会关于国务院部委机构改革实施方案的决议》，国家出版事业管理局并入文化部。

1985年7月，国务院批准文化部设立国家版权局，同时文化部出版事业管理局改称国家出版局。

1986年10月，国务院决定恢复国家出版局为国务院直属局建制。

1987年1月，国务院决定撤销国家出版局，成立中华人民共和国国家新闻出版署，负责全国新闻出版事业的管理工作。国家版权局保留，与新闻出版署为一个机构，两块牌子。

2001年，国家新闻出版署升格为正部级单位，改称为"中华人民共和国新闻出版总署"。这一决定是国家根据新闻出版事业发展的现状，经过慎重研究作出的。其目的是加强对出版行业、著作权和书报刊出版物市场的监督，加大"扫黄、打非"的协调和工作力度，增强执法的权威性和有效性，以适应我国加入世界贸易组织的需要，为推动我国新闻出版业的发展，从组织上提供条件和保证。

2013年3月，十二届全国人大一次全体会议批准《国务院机构改革和职能转变方案》和《国务院关于机构设置的通知》，将新闻出版总署、广电总局的职责整合，组建国家新闻出版广电总局，加挂国家版权局牌子。

2018年3月，根据第十三届全国人民代表大会第一次会议批准的国务院机构改革方案，在国家新闻出版广电总局广播电视管理职责的基础上组建中华人民共和国国家广播电视总局，不再保留国家新闻出版广电总局。

二、行业出版管理机构

出版行业协会具有对出版业进行宏观调控的功能。具体任务包括：督促协会成员贯彻执行政府制定的出版法令、政策；指导与协调成员的业务活动；规范协会成员的经营行为；代表协会成员与政府及其他行业进行联系协调；组织成员参与国际交流活动；组织开展职工教育培训活动；组织成员交流经营经验，探讨经营规律，传播经营信息。

我国的出版行业管理机构形成很早，但由于当时出版业还不够发达，且地区间发展不平衡，因此当时的出版行业组织地域性很强，没有全国性的出版行业组织出现。

清朝康熙时期，在苏州成立了崇德书院，后因太平天国起义而解散。到同治时期，在苏州又成立了书业崇德公所，也是地方性的出版行业组织。

随着出版业的近代化，出版行业机构也向近代化的方向发展。1905年在上海成立的上海书商协会，是我国首家近代化的出版行业管理机构，它强调维护书商的利益，保护版权，还代办出版物的注册等，有40多家新出版单位参加了该协会，但它仍然是地方性的出版行业组织。

中华人民共和国成立之初，广大出版工作者就酝酿筹备成立行业组织，但是由于种种原因，直到20世纪70年代末，才逐步建立各种协会。目前，我国主要有中国出版协会、中国印刷技术协会、中国书刊发行业协会等。这些协会多数不是按行业管理的要求建立的，因此离行业管理的需要还有差距。

中国出版协会，简称中国版协。1979年12月20日成立，是联系全国出版工作者、出版单位的群众组织。主要任务是：组织出版者学习马列主义、毛泽东思想和党的方针路线，培训出版队伍，开展出版业务研究和学术活动，交流出版工作经验，不断提高出版工作者的思想水平和业务水平；团结各民族的出版工作者，巩固党和非党出版工作者的亲密关系，加强同台湾同胞、港澳同胞以及海外侨胞中爱国出版工作者的联系与团结；表彰先进的出版工作者，加深与著译者的联系，组织优秀图书的评奖，促进出版事业的发展与繁荣；积极开展出版方面的对外交流活动，加强同各国出版界友好人士的联系和合作；依法维护出版工作者的民主权利；协助政府有关部门改善出版工作者的工作条件和生活条件，并根据需要和可能兴办福利设施。

中国印刷技术协会，简称PTAC。1980年3月成立，它以开展印刷科技活动、促进中国印刷科技的发展和繁荣为宗旨，组织学术技术交流，开展印刷技术教育，评选和表彰优质产品和优秀印刷工作者。

1986年，中国印刷技术协会设立了毕昇印刷技术奖，同年森泽信夫印刷技术奖被设立，并由中国印刷技术协会主办评奖工作奖，以奖励那些为中国印刷科技有着突出贡献的人员。

2023年11月1日，以"数智赋能共创全球印刷合作新未来"为主题的2023印刷创新发展论坛在上海举办。该次论坛由中宣部印刷发行局指导，中国印刷技术协会主办，北京科印传媒文化股份有限公司协办。2023印刷创新发展论坛也是第九届中国国际全印展的主论坛活动。

中国书刊发行业协会，简称BPDAC。1991年3月成立，是从事书刊批发、零售、进出口业务的单位和集体、个体经营者自愿组成的全国性行业组织。它的主要任务是：宣传政策、法规、维持行业秩序，积极发挥行业协会的桥梁和纽带作用；组织会员进行自我教育、自我管理、自我协调；倡导会员单位积极发行有利于经济和社会发展的优秀书刊，拒绝发行非法出版物等。另外，在我国还有中国期刊协会、中国音像协会等协会，以及中国编辑学会、中国版权研究会等群众组织。

三、国外出版管理机构

国外出版管理机构的设置与我国大体相同，即有政府的管理机构和行业管理机构两种。

国外政府出版管理机构设立很早。17世纪中叶，法国政府通过设立相关机构、颁布法令以及加强行会管理等方式，实现了对出版业的全面控制。1789年的法国大革命虽然削弱了政府的管理，但随之而来的波旁王朝复辟，使得出版业的管理又被强化，并在此期间又成立了直属内务部的印刷和书店总局。现代法国政府管理出版的政府机构是文化部图书与阅读局。另外，在俄罗斯、朝鲜、古巴、印度等国家的政府机构里都有管理出版的机构。

在许多国家，如美国、英国、德国、日本等国，虽然政府中没有专门管理出版业的机构，但有许多政府机构也对出版业进行管理。例如英国的文化委员会、艺术委员会、海外贸易部等，日本的文部省、文化厅、大藏省、通产省等。

国外行业管理机构历史悠久，权力很大，如英国的出版行业公会成立于1404

年,德国书业协会成立于 1825 年。现代各国几乎都有出版行业组织,它们在维护会员利益、促进图书销售、协调会员之间关系等方面发挥着重要作用。

四、图书出版机构

(一)出版社的设立

中国对出版社的设立采取严格的审批制度。国家规定,出版社必须有出版单位的名称、章程,符合国务院出版行政部门认定的主办单位及其主管机关,有确定的业务范围,有适应业务范围的组织机构、符合国家规定的资格条件的编辑出版专业人员和 30 万元以上的注册资金、固定的工作场所,还要符合国家法律和行政法规规定的其他条件,符合国家关于出版单位总量、结构、布局的规划。新建出版社只有在满足上述条件并经主办单位向所在地相关出版行政主管部门申请,同意后报国务院出版行政主管部门审批,通过后,向所在地相关出版行政主管部门登记,取得出版许可证之后才能开业。

(二)出版社的性质

出版社是从事精神产品加工生产的机构,这一特点决定了它属于非营利性质的事业单位;但是出版社要使精神产品物化成可以被广泛传播的出版物,就要讲求投入产出的经济效益,所以要实行企业管理。按照国家预算管理的规定,一般经营管理方式有两种:事业管理和企业管理。事业管理的经费来源是根据核定的预算,由财政部门或上级主管单位拨给经费,资金的集中、分配与使用都是无偿的,完全靠国家预算监督。企业管理则要求经费独立核算,除国家批准的政策性亏损之外,它应该在满足社会需要的同时为国家创造经济效益。

(三)出版社的类型

图书出版社按出书范围分类如下,有综合性、社会科学、科学技术、少年儿童、教育、美术、文学文艺等类出版社;按出版物形式分,有图书出版社、音像出版社、电子出版物出版社等;按行政隶属关系划分,可分为四类。一是由中央各部委或相当部委一级的机关、团体与中国人民解放军各总部主办的出版社,如人民出版社、中国青年出版社、中国地图出版社、解放军出版社等,这类出版社有一百多家。二是由各地新闻出版局主管,由省、自治区、直辖市内厅、局级单位主办的出版社。这类出版社有二百多家。三是由各高等院校主办的出版社,依据高校行政隶属关系的不同,此类出版社分别由教育部与各省、自治区、直辖市的教育行政管理部门主管,这类出版社有近百家。四是除上述三大类型之外的其他出版社,如《人民日报》出版社、新华通讯社所属的新华出版社、求是杂志社所属的红旗出版社,中国石油化工集团公司所属的中国石化出版社等,这类出版社有十多家。

(四)出版社的内部结构

出版社职能机构按规模大小,采用社、部处、科室三级建制或社、处室与社、科室两级建制。一般都是在社长领导下设立编辑、出版、发行、行政管理几大部门。期刊社与报社都属于新闻出版单位,其内部结构不同于出版社。其主要区别有二:一是期刊社与报社一般均设有广告部门;二是报社、期刊社均设有负责新闻采访的记者部门。

五、印刷制作机构

印刷厂是从事印刷品生产的单位。它根据出版社提供的原稿进行排版、印刷和装订,使之成为可供传播的出版物。在出版社完成录入排版任务的情况下,印刷厂只从事印刷与装订业务。这些具有书报刊印制能力的印刷厂,须经新闻出版行政部门审查批准,才能正式经营书报刊印刷业务。

六、图书发行机构

(一)对外发行机构

对外发行机构主要有中国图书进出口总公司、中国国际图书贸易总公司及中国出版对外贸易总公司。

(二)对内发行机构

按其性质划分,对内发行机构有国有发行机构、非国有发行机构、出版社自办发行机构等类型。

七、其他相关机构

（一）出版教育机构

出版教育机构是为出版业培养人才的机构。出版教育机构包括一些专门的编辑、印刷、发行学校和某些普通高校设置的编辑、出版、发行专业，以及一些出版群众团体与大型企业为培养出版人员而设置的教育部门、职工学校等。

（二）出版科研机构

出版科研机构是组织与从事出版科学技术研究工作，并以其研究成果推动出版实践发展与技术进步的单位。目前，我国已有各类出版科研单位几十家。

（三）出版物资供应机构

出版物资供应机构是指经营国产和进口的各种出版印刷物资供销的企业。它们经营的物资包括各种纸张、油墨、印刷机械、印刷器材、装帧材料等。

第二节　图书出版管理方法

一、法律方法

法律手段是出版管理发展到一定阶段的产物。许多国家通过制定专门的出版法律或相关的法律来规范出版行为，并取得了显著的效果，积累了丰富的经验。我国也十分重视利用法律手段管理出版工作，不仅在宪法、刑法、民法、保密法等法律中对出版行为作了法律规定，而且还制定了《著作权法》《出版管理条例》《音像制品管理条例》等专门的法律和法规，已经形成了比较完备的出版法律体系，出版管理已步入了有法可依的时代。

利用法律手段管理出版业有许多优点：一是具有强制性，即一定区域内的人（包括自然人和法人）和团体都必须遵守；二是具有很强的稳定性，即法律一经颁布，就要在相当长的时期内发挥作用，为便于执法者掌握与守法者遵守，法律不可能频繁地修改和变更。但是，法律手段也有缺点：一是法律滞后是普遍存在的现象，新问题、新情况不断涌现，但原有的法律可能没有相应的规定，新的法规尚未出台，给依法管理带来困难；二是法律手段比较僵硬，缺少必要的灵活性和变通性。

二、行政方法

行政手段就是出版管理部门或出版管理者依靠行政权力，通过行政命令直接对被管理者发出指示、通知、命令等，以实现管理目的的一种管理措施。行政手段在管理中应用得较早，在法律手段没有出现或法律法规不健全的条件下，行政手段是最主要、最有效、最常用的手段。行政手段的优点：一是便于集中统一，所有的出版企业、出版活动，都受同一个行政管理机构的领导，便于集中力量，便于统一行动。二是比较灵活，行政命令可以随时随地发布，可以根据不同地区、不同企业的不同情况，采取不同的措施。但是，行政手段也有很多的不足：一是受管理者的水平影响，管理者的水平对行政管理有较大影响。二是行政手段要通过层层的行政机构和大量行政人员执行，因此较易变形和走样，且管理成本会相应增加。

在出版法规健全的条件下，虽然行政手段依然不可缺少，但是也不能过分依赖行政手段，特别是不能滥用行政手段。行政手段的运用，是建立在一定的法律基础之上的，应依法行政。

三、经济方法

经济手段就是利用经济原则对出版进行管理，包括税收、贷款、投资、工资、资助、奖惩等经济措施。例如，政府可以通过对不同性质的出版企业、不同性质的出版物实行差别税率，以调整出版企业的出版行为，调整出版物的结构；可以通过投资大型的出版企业、印刷企业、发行企业，推动企业的技术改造和科技进步；可以调整出版物的进出口税率，鼓励出版物的出口；可以设立各种奖励基金，扶持符合国家利益的企业；可以对违法、违规的企业、出版机构实行经济处罚。

经济手段是出版管理的有效手段，它可以促进出版产业内部的资源、资金、人才等合理流动，实现出版资源的合理配置。但是，经济手段并非万能的，它有一定的局限性，特别是在出版企业内部，单纯的经济手段虽然在调动职工的积极性方面有一定的作用，但也造成了买卖书号、片面追求经济效益等问题。还有个别企业，不是从挖掘内部潜力、提高科技水平、完善服务措施等入手，而是一味地向国家和上级部门索要经济政策、补贴，错误地理解了经济管理的含义。

第三节 图书出版人的素养要求

一、要有较高的政治思想水平

要提高思想修养首先要提高政治修养，即具备卓越的政治素质。因此，图书出版人既要有强烈的政治使命感，又要具备深厚的政治理论素养与政策把握能力。

我国出版业是宣传思想工作的核心阵地之一，承担着建设社会主义精神文明的神圣使命，肩负着为广大人民群众提供精神滋养的重要职责。由于国际局势的发展，党的工作重点发生了战略性转变，因此出版业对出版人的政治素养提出了更为严格和明确的要求。出版人员应时刻保持高度的政治警觉性，牢固树立政治意识，坚决贯彻党性原则，坚定不移地拥护中国特色社会主义理论和党的基本路线。在思想上，出版人要追随党中央的思想指引，以大局为重，致力于维护社会稳定。在任何情况下，都应把大局利益放在首位，绝不允许因个人或局部利益而损害整体利益。这是出版人必须严格遵守的重要原则。

出版人在策划、组织选题、审读稿件时，都要慎重考虑，确定选题和稿件内容符合中国特色社会主义建设思想，与党的方针、政策保持一致，以便更好地维护社会稳定，促进民族团结。出版人既要有较高的政治修养，又要自觉地贯彻党的方针、政策，不仅因为出版人的政治思想水平将直接影响刊物的意识形态取向和舆论发展方向，还因为出版人所从事的是精神产品的生产，直接影响着人们的世界观和人生观的形成，关系到社会风气和青少年一代的健康成长。在市场经济体制建立的过程中，"一切向钱看"的思想不可避免地会干扰出版工作。要想在市场经济的大潮中不迷失方向，出版人必须提高自身的思想政治素质，即必须加强学习，提高思想觉悟，在纷繁复杂的情况下保持清醒的头脑。

道德修养是思想修养的核心内容之一。道德修养的精髓在于行为规范的确立与遵守。道德规范构成了人际交往的基石，为人们的行为提供了明确的指引。道德修养，不仅是个体品格的塑造，更是社会文明进步的基石。在今日纷繁复杂的社会环境中，道德修养的重要性愈发凸显。它不仅仅是一种简单的行为约束，更是一种深入骨髓的品格修养，是对人生价值的追求与践行。职业道德是人们在从事职业活动时应遵循的道德规范和行为准则。在出版行业，职业道德与出版道德或出版伦理是同一个概念，出版人在长期的工作实践中逐渐形成了职业道德。职业道德指导出版人正确处理与作者、读者的关系，是出版人在处理内部和外部关系时，必须具备的品格和道德觉悟。它对于保障出版业的健康有序发展、推动文化繁荣和社会进步，具有重要的现实意义。

出版人一定要遵守职业道德，这是因为出版工作是一种精神生产，是一项文化活动和科学活动。它的根本任务是要向读者提供优秀的出版物，也就是有质量的出版物。出版物的质量取决于作者，首先需要作者提供有质量的原稿；但是编辑的介入，也可以影响原稿的质量。

正因为这样，出版人就更要遵守职业道德，使自己在工作中时时刻刻用严格的行为规范来约束自己，保证为读者提供内容和形式俱佳的出版物，更好地鼓舞读者为两个文明建设作贡献。

责任出于道德感，道德感出于信仰。出版人的道德感就是对本行的责任。任何道德都是行为的规范。当出版人就要对社会、对读者承担一定的责任。这种责任就是出版人的职责、任务和使命。只能做与职责、任务、使命相符的事，而不能相反。社会主义市场经济的发展，给编辑出版工作带来了机遇，增强了其发展活力，但同时也带来了巨大的冲击，致使出版人队伍中一些不明事理或见利忘义的人做了一些有悖于出版人职业道德的事。某些出版人的这种行为，在出版人队伍中虽属少数，但危害较大，如果任其发展，既败坏了出版人队伍风气，也破坏了出版事业，同时贻害广大读者。

以中国特色社会主义理论为指导，坚持"二为"方向，并树立坚持为大局服务的社会主义编辑出版工作的世界观、人生观与价值观，它们最终都是为了实现以科学理论武装人，以正确舆论引导人，以高尚精神塑造人，以优秀作品鼓舞人的目的，这是出版人的根本任务，也是出版人职业道德的基本要求。可见社会主义市场经济条件下的编辑出版工作，要不走偏方向，要为读者提供优秀的精神食粮，出版人就要遵守职业道德。

出版人是社会文化的敏锐观察者，能敏锐地感知社会文化的变化。特别是在社会动荡不安时、不同文化相互交融时，出版人会格外关注社会道德、伦理观念、艺术和宗教等元素的变化。在这种情境下，出版人应当集中精力正确把握新文化的发展趋势，坚定地摒弃过时的旧文化元素，通过筛选和引导来形成新的道德、伦理、价值观体系。当前中国出版业的运作环境并不是一个完全健康的市场经济环境，如果市场和经济行为出现问题，必然会引发个人社会行为偏差。在现在这一阶段，提升出版人的道德修养，对社会发展较为有利，出版人只有具备较高的道德素养，其所出版的作品才会引导广大人民群众树立正确的世界观、人生观、价值观。一位出版人若具备较强的职业道德，那么他一定也具备较高的责任感和自我评价能力，其会以职业操守为准则来规范和监督自己的行为，无论受到何种外部影响，都能勤勤恳恳地履行职责，遵守职业道德。出版人应当肩负社会责任，秉持认真的学术态度。他们需要以严格的标准编撰和校对每一本书，对著作的学术水准、政治立场、资料准确性、文字表达及标点符号的使用进行严格审查和校正。要编撰一本优秀的著作，编辑需要投入大量时间和精力，同时要具备无私奉献、不追名逐利的精神。尤其是在目前市场经济竞争激烈，人们对消费越来越重视的背景下，出版人必须具备抵御诱惑的能力。出版人有选择书稿的权利，并且在确定出书时间、销售方式及装帧设计等方面拥有一定的权力。缺乏坚定意志的出版人，在面对各种诱惑时，可能由于某种利益关系而选择一些质量不太好的书籍。

新世纪、新形势和新任务要求出版人必须遵守职业道德，把社会主义精神文明建设放在更加突出的地位，还要求加强出版工作，让它作出更大贡献。毫无疑问，在新世纪，我国的经济会有更大发展，人民的生活水平也将有很大提高。特别是实现了小康以后，人们经济生活水平的提高，必将对出版文化提出更新更高的要求，因而对编辑出版工作的要求也会越来越高。同时，在新的世纪里，随着改革开放的深入，国际贸易的增长，思想的渗透和交流、文化的交流和冲突也将进一步加剧。在这种情况下，出版人作为精神产品的催生者和把关者，必须把职业道德放到更加突出且显著的位置。

二、要有较强的业务技能

出版人要加强对出版业务知识的学习和出版业务技能的训练。出版业是知识性、专业性、技术性都很强的产业。从出版链条各环节的联系上来说，它涉及出版、印刷、发行、物资供应、教育、科研、贸易、管理等方面。从出版产业内部专业分工的角度说，它涉及编辑、校对、装帧设计、编务、制作、复制、营销、财务、计划、统计、版权以及与出版业务管理相关的党务、人事、教育等方面。从出版业对高新技术的应用来说，它涉及图书出版、音像出版、电子出版、网络出版中的计算机科学技术、信息技术、网络技术、印刷新技术、制作新技术等方面。

随着科技的不断发展，出版人要不断更新现有的专业知识和专业技能。由于出版业需要具备专业知识的人才，因此出版人必须在自己的专业上下功夫，丰富自己的专业知识，提高自己的技术，并主动扩展自己的知识面，多了解其他相关学科的内容。如果不具备相应的职业素养，就很难胜任编辑岗位，也很难促进出版行业的可持续发展。

出版人必须具有马克思列宁主义的基本理论知识和科学的思维方法，具有概括问题、分析问题的能力。马克思列宁主义的基本理论知识，是我国出版人必备的基本知识。只有不断提高出版人的马克思列宁主义的基本理论水平，掌握科学的思维方法和高度概括、深入分析问题的能力，才能使出版人具有坚定的政治立场、敏锐的观察能力和准确的是非判断能力。

出版人应尽可能广博地掌握自然科学知识和社会科学知识，二者缺一不可。随着科学的飞速发展，知识需要高度的专业化和综合化，自然科学和社会科学也更加密切结合，并由此派生出新的边缘学科或交叉学科。从图书编辑的实际工作来看，即使是专业性很强的图书，涉及的知识也不会少。

现代出版人除了要具备广博的知识，还必须精通自己所负责的专业和相邻的专业。如果是物理学图书的编辑，应该熟悉物理学，了解国内外物理学的发展趋势，以及国内外物理学图书的出版情况和动向；如果是少年儿童图书的编辑，就要熟悉少年儿童教育学、少年儿童心理学、少年儿童社会学，以及少年儿童图书的编辑特点和国内外少年儿童读物的出版状况、动向和趋势等。就像数论教授精通数论教学，生物生态学科学家专心于生物生态教学研究一样，物理学编辑应精通物理学图书编辑工作。也就是说，出版人必须在广博的知识基础上，精通自己所负责的专业。一个出版人，如果只有"博""杂"而没有对自己所负责专业的

"专""精",是不可能做好工作的。值得注意的是,知识面广博,或者说"杂",是编辑的特点。图书出版需要编辑发挥作用的地方,正是它的"博""杂",以此来弥补其他专业工作者精于自己的专业而知识面不广的缺点。因此,编辑的专业须专在"博"或"杂"的特点上,专在充分发挥这个特点的作用上。换句话说,出版人的"杂"就是他的专,出版人的专就是要专在他所专业分工的编辑工作上,这也正是物理学图书编辑与物理学教授、物理学科学家的专业区别所在。其实,以"博"为专业,博中有专的专业,也并不是只有编辑出版学专业,科学、未来学、管理学,都不同程度地具有相关特点。

伟大的文学家、思想家鲁迅先生就不单具有广博的知识,同时也掌握着专门的学问。他除了创办并编辑刊物,还撰写了《中国地质略论》《人之历史》等关于科学的作品。鲁迅的出色之处,不在于他的专,而在于他的通,能将多种学问和社会政治沟通。其他如茅盾、叶圣陶等老一代学人兼编辑人的学识都是既专又博,他们为我们现代出版人树立了很好的榜样。在新时代,更新知识的能力,是决定一个出版人发展前途的大问题。这种能力的形成,首先是靠本人有更新知识的自觉性,并能够做到永不自满,不断学习。新时代的一个特点是形势变化快,要求企业具有快速应变能力。形成企业应变能力的决定因素,是该企业职工的应变能力。因此,应注意培养出版人的应变能力,使他们的学识、能力、技术能迅速地适应快速变化着的形势和迅速发展更新的科学技术。

现代出版人应当具备扎实的词汇知识、语法知识、修辞知识,这是所有出版人不可或缺的基本素养。对于外文图书的编辑而言,若缺乏深厚的中文造诣,编译工作就难以出色完成。出版人的核心职责在于校阅原稿,在校阅过程中,应认真审查稿件的政治意识形态、内容的严谨性及文章结构的合理性,同时还要审查稿件使用的叙述方式是否有问题。校对文字错误是出版人职责的重要组成部分。出版人应严格把关稿件,杜绝出版物中出现文字使用错误的情况。出版物中的文字错误往往源于出版人缺乏语法修辞观念,或基本功不够扎实,这实则是出版人的失职。

在文字规范方面,任何细节都不容忽视。即便是编排笔顺、计算笔画等看似琐碎的事务,如果完成得不好也可能产生重大影响。图书中的文字必须是正确的,语言应生动,并符合修辞、语法和逻辑规则。对于不通顺的语句,要及时修改和调整；对于可能产生歧义的内容，应明确其含义；对于不符合规范的地方，应进行调整以使其符合标准。简体字与繁体字均有其规范的写法，编辑和校对人员应具备相关的文字常识。一名合格的出版人，应深入领会文稿的内涵，熟悉作者的行文风格，熟练掌握语言规律，从而提高出版物的文字质量。

在信息时代，对于一名出版人来说，能直接阅读外文资料，直接掌握世界各地的最新信息，及时分析、处理各种有用信息，就是更好地发挥自身作用的重要手段。懂得外语、外文，也是进行国际出版合作所必需的能力。出版人的外语能力，主要表现在他们能否适应经济、科技、信息、贸易等全面国际化的时代需要。出版人应至少懂得一种外语，不仅能阅读，还能听、写和交谈。也需要懂得外国的经济、政治、科技和社会各方面的情况，还需要懂得贸易业务、商业常识、金融知识、法律知识，并了解外国的风俗习惯，能与外商谈文学、聊艺术、交流哲学观点等。

现如今是一个信息纷呈、瞬息万变的时代，出版人必须将自己收集到的分散且无序的信息筛选优化为具体的选题。要保证"运筹帷幄之中，决胜千里之外"，关键是运筹时必须充分掌握各方信息。信息是出版人工作的源泉，是资源和效益。这些信息包括以下5种。

①各类、各层次读者的信息。

②国内、国外图书市场的信息。

③作者队伍的信息。出版社要与作者建立长期稳定的关系，重点培养作者，并持续获取选题信息。

④其他出版社出书的信息。对国内同类出版社，出版人要通过观察和分析来调整自己的选题；对国外的出版社，出版人可以通过版权部门购买各种版本的图书，或者合作出书。

⑤经纪人所掌握的信息。出版经纪人在中国的出现时间为20世纪80年代，目前主要从事版权代理的工作。在国外，出版经纪人这一职业的发展已相当成熟，经纪人所掌握的信息是出版社选题不可缺少的来源之一，尤其在文学类图书和畅销书出版中起到举足轻重的作用。

出版人需要定期到书店、书城等场所进行考察，也需要积极参与大型的书展、图书博览会等活动。此外，出版人也可以借助互联网搜索相关信息。互联网上有大量前沿图书市场的数据，出版人可以利用电脑、手机等设备在搜索引擎或图书网站上快速获取全球范围内的图书市场信息。通过浏览国内外图书网站，出版人还可以及时了解最新的图书出版动态和图书出版业发展趋势，这能为其选题策划提供有力指导。

在当今时代，出版人不仅需要具备收集信息的能力，还需要具备优秀的信息处理能力。为此，出版人需要学会筛选，即要"择优汰劣""去伪存真"，筛选出有利于选题策划的内容。

首先，出版人要从海量书籍、文献中筛选精华，去粗取精。其次，出版人要留意各种有效信息，因为这些信息能启发出版人，使其创作出有新意的作品。由此可见，出版人需要具备获取和辨识信息的能力，同时也要在选题策划过程中善于利用有用的信息。

出版人要具备一定的写作能力，尤其是写应用文的能力。这项能力有助于出版人开展业务沟通、发挥编辑作用。在某种情况下，可以将出版人比作医生，因为他们不仅需要评价稿件的质量，还需要帮助作者修改和调整稿件。因此，出版人需要提升自己的写作技能，不断提高自身文字表达能力。事实上，写作能力是出版人的一项基本能力。在工作中，出版人需要写选题报告、编辑计划、约稿信、图书评论、图书简介等，还需要写能展现出版人日常工作成果的科研报告、学术论文等，因此出版人需要具备出色的写作能力。通过撰写出色的应用文，出版人能够充分展示其政治立场、专业素养，展现其在书稿整理、制作和传播过程中所付出的努力和投入的创造力。

三、要熟悉图书出版的规律

每个出版机构都需要合理安排一般图书、大码洋图书、精品图书及获奖图书的比例。大码洋图书是一个出版社经济实力的证明，没有大码洋图书的出版社不容易开发出获奖图书和精品图书。然而，评判一个出版社的经济实力，不单单看它所出版的大码洋图书数量，更需要综合考虑其所出版的获奖图书和精品图书的数量，以及出版社是否具有特色。

出版人策划选题就像设计师设计新产品，需要投入大量精力。在策划阶段，出版人应认真设计系列图书产品，重视规模经济；时刻关注市场动向，以读者为中心，努力提高图书的销售量；应加大信息采集力度，使采集的信息充分发挥作用，仔细斟酌图书的体例结构，同一类型图书更要有其自身特色；要充分利用各种优势资源，提高策划效率，从而在目标图书市场占据领先地位；注意甄别作家，实现优胜劣汰。

在策划名牌图书时应突出其独特性和创新性，避免出现千篇一律的风格；应和现下读者的审美观念相一致，并展现一定的艺术价值；应能展示时代特色、出版社特色，符合读者心理预期。名牌图书一开始就处于较高的开发地位，但必须以市场和读者的需求为出发点。名牌图书要求出版人有更高的编辑能力；在出版名牌图书时，所有相关出版人员都应坚信质量决定市场、品牌决定效益的理念。严格把关每个出版流程，确保名牌图书的质量过关。

图书市场是公平的，任何一个出版社都不会一直在图书市场处于优势地位或劣势地位。出版社的生存和发展与图书发行工作的顺利与否密切相关。如果一个出版社想要在图书市场获得成功，就需要不断提高本社图书在市场中的占有率和影响力；提高本社图书的销售额；合理安排出版工作队伍的结构，提高工作人员的专业水平；不断提高本社声誉和信誉。出版社应根据读者的消费特点，对目标图书市场进行开发；应将读者的需求放在首位，想方设法满足读者的需求，视市场为图书生产经营的主要驱动因素。出版社应建立系统的营销网络，确保图书销售覆盖面广泛。出版社应不断优化市场营销体系，不断完善营销体系的组织架构，灵活采用各种不同的营销策略，有效地执行激励分配措施。

做好图书宣传工作与提高图书质量是齐头并进的。出版社要督促工作人员在保证图书质量的同时做好图书宣传工作。图书宣传工作是一项充满艺术性的工作，需要出版人不断探索。图书宣传工作受宣传时机、宣传媒介、宣传形式等各种因素影响，因此图书宣传工作应有计划、有秩序地进行。在进行图书宣传时，应该持续推进，不能因为看到一点成效就停止宣传。图书宣传工作应该结合图书的特色，对特色图书进行特殊宣传。出版社应牢牢抓住宣传机会，开展全方位的图书宣传工作。出版社必须确保图书宣传工作具有创新性，能吸引读者的注意力，否则就会陷入没有意义的图书宣传之中。

首先，捍卫市场，保护名牌图书，将有助于维护出版社的品牌形象和利益。要想捍卫市场，必须优先确保售后服务的质量。优质的售后服务有助于促进出版社与客户和读者之间更深层次的互动，有助于维护出版社名牌图书的声誉，从而增强出版社的竞争力。在为顾客和读者提供细致周到的售后服务时，出版社可以借此机会了解市场需求，及时解决问题，从而提升出版社的声誉。其次，出版社需要明确法律保护的重要性。法律要求出版社注册它们的品牌图书，以保护品牌图书不被侵权，如果发生侵权情况，出版社则可以通过法律途径制止不法侵权行为。出版社要坚决打击假冒伪劣产品，因为假冒伪劣产品会对名牌图书的声誉造成严重危害，如果出版社不采取措施，就会损害自己的品牌形象。出版社应该做好图书防伪工作，同时定期巡视各地图书市场，密切关注和打击假冒图书，以维护本社名牌图书的声誉。

出版界需要改变思维方式，积极进取、勇往直前。现在，计算机已经渗透到人类生活的方方面面。随着计算机的出现，出版印刷业不再依赖传统的印刷方式，迎来了数字化发展。出版行业正朝着多元化、现代化的产业方向发展，图书制作开始融合光线、声音、色彩、影像等多种元素。出版人需要跟上时代潮流，不断学习，增强科技意识，熟练使用高科技产品。

务必迅速推进"编—排一体化"进程。"编—排一体化"是指出版人员一边审稿一边将稿件内容输入电脑，在电脑上进行编辑加工和版面设计、组合等工作，经过主编审核之后，便可生成排版大样，直接进入制版印刷环节。此举赋予了出版人排版的主动权，不仅免去了在原稿上进行修改与标记的工作，同时也有效规避了排版过程可能出现的诸多困扰，显著提升了出版工作的效率与准确性。另外，电脑屏幕对版面的显示有很大的优点，出版人可以利用电脑进行编辑加工、版面设计和方案对比等操作，以便进一步提高编辑效率，获得最佳的版面搭配。并且，随着电脑的普及，作者可以给编辑传送电子原稿，使得编辑直接打开电脑就能接收到电子原稿，并且可以使其直接在电脑上审读、编辑原稿，这提高了编辑的工作效率。

可见，实行"编—排一体化"策略，不仅可以提高出版人的编辑效率，缩短出版周期，还可以优化版面质量。我国新闻出版业早在20世纪80年代初就已经充分认识到了"编—排一体化"的重要性，一些部门逐步开始使用电脑开展编辑工作，但因缺乏信息社会的竞争意识，这一模式一直未能普及。

随着信息技术在我国的迅速发展，电脑在编辑工作中发挥着越来越重要的作用，电脑不仅可以用于排版，还可以用于出版部门内部线上交流、创作电子图书、管理期刊文献。所以，在 21 世纪，出版业需将加速实现"编—排一体化"视为首要任务。否则，出版业的发展将受到阻碍。

审稿和编稿是出版人最重要的两项工作，完成这两项工作需要出版人具备政治、学术、艺术方面的知识，也需要出版人具备技术操作能力，编辑工作中存在着大量的技术性操作内容，并且有一定的操作标准和规则，因此出版人要严格遵守这些操作标准和规则。任何事情都有一定的规则和标准，在实施过程中，只有遵守标准和规则才能确保各项工作有序进行，才能实现最佳的社会效益，这是标准最大的作用。如果没有制定标准或规则，所有事情将毫无秩序可言。因此，标准在出版工作中具有重要作用。

在编辑出版工作中，涉及标准化的问题很多，主要有：图书名称标准化、汉字使用标准化、汉语拼音标准化、科技名词术语标准化、标点符号标准化、数字用法标准化、地名标准化、人名标准化、版权著录标准化、书脊标准化、国际书号标准化等。这些标准化的规定，有的是国家有关部门用法规形式颁布的，有的是国家标准局拟订试行的。执行时有的是刚性的，有的会展现出一定的灵活性。我们必须勤学习、勤翻检，备齐各种工具书和有关文件，认真对待。

语言文字是人际交流的工具，我国历来十分重视语言文字的规范化，这对国家的统一、民族的融合有着巨大的凝聚作用。

古代，采用颁行命令、镌刻石经、编印字书等手段来昭示规范，并在官方文书、科举考试中严格执行，因为一个字不合规范而致祸或落第的事常有记载。中华人民共和国建立初期，国家成立了中国文字改革研究委员会，采用制定文件、发布字样、专家撰文、编写教材等多种方式，推行语言文字的规范化，取得了优异成绩。毫无疑问，出版人在语言文字的规范化方面担负着十分重要的使命。对于出版人而言，要熟悉文字规范的有关规定，并随时了解国家权威部门发布的新规定，勤查工具书。

出版物在追求内容美的同时，亦需注重形式美的呈现。因此，出版人应具备一定的审美能力，善于发现美和塑造美。在过去，出版社内部的分工相对细致，文字编辑专注于稿件的加工与润色，技术编辑则负责版式设计，美术编辑则承担封面装帧等视觉美的塑造工作。然而，随着时代的进步与发展，对现代出版人的素质要求日益提高，一位优秀的出版人需能够全面承担起从采编到发行的各项工作。因此，提升审美能力并非仅仅是美术编辑的职责，所有出版人都应深入学习美学知识，积极提高自身的审美能力，以展现书籍、报刊等出版物的形式美。

此外，出版人的工作涉及出版印刷、发行销售等内容。因此，出版人应积极投身相关工作中，深入思考各项工作的关联性，掌握相关技能，这是现代出版人专业素养与基本功的重要组成部分。

四、要有开拓务实的创新精神

出版人属于高知识阶层，其致力于精心打造与传播精神产品。他们通过富有独特创意的辛勤劳动，为社会的精神文明建设贡献自己的力量。出版人的持续性发展，离不开其持续的创新。出版人从事的是一项记载和传播人类文明的工作，是一项需要经过专门训练、具备特定素质和技能才能胜任的工作。这项工作有着其独特性和规律，与其他行业有着明显的区别。出版人肩负着对作者所总结的人类认识世界和改造世界的成果进行鉴定的重任。他们要对著作去粗取精、去伪存真，对著作进行遴选、改造、优化，确保呈现给社会大众的作品具有思想价值、科学价值和艺术价值。

出版人工作不是简单的技术工作，而有其自身的规律。出版人要在选题、组稿、审稿、编辑加工、整体设计等编辑实践中总结探索它的规律性，并以此指导实践活动。如此循环往复，逐步提高自身的理论修养，才能使编辑出版工作不会成为盲目的实践，而是成为自觉的创造性劳动。经过对编辑出版工作实际情况的深入探究与严谨分析，我们不难发现，出版人的劳动本质上是一种创造性劳动，因此编辑出版的成果也体现出了创造性。出版人依托自身丰富的知识和经验，结合学术前沿动态与市场需求，精心策划出来的选题，往往兼具经济效益和社会价值。虽然选定主题只是写书的起点，但它为出版一本好书打下了良好的基础。选题是创新成果产出的第一要素，是创新出版产业链的重要环节。有人也许会觉得，选定主题、编辑稿件不能充分激发出版人的积极性、主动性，这种认知失之偏颇。其实，选定主题、编辑稿件的过程就是出版人的创新思维发挥作用的过程。出版人在选定主题时，要综合考虑政治意识形态、新闻出版政策和出版社的定位；要对该领域的研究动态及研究成果进行全面把握，提高选题的原创性与独特性。同时，出版人也要有很强的"重构意识"，要注意在选题中求异、求奇，而"求异"就是创新。

此外，出版人还要有"问题意识"，即在组织书稿时，要对书稿的原创性、学术性、专业性、读者层面等一系列特殊性进行认真观察，思考分析，明确提出问题和解决对策。

出版人要对各种风格、各种档次、各种水平的原稿进行挑选，确定有价值且达到出版标准的内容，这种学术预见力和判断力，是出版人站在一个更高角度对原稿的认定。原稿可能有闪光的思想、新颖的观点，也可能平淡无奇，或者观点模糊、论述不清不楚。出版人以第一读者的角色对原稿进行理解，既有潜在的知识结构和学术观点，也有属于自己独特的立场和方法，精心地查漏补缺，并在尊重作者原意的基础上提出建设性意见，更是出版人进一步发现和完善作品的创意。

出版人要在出版工作的各个环节中充分发挥创造性。出版人需要时刻谨记自己所从事的工作是一项充满创造性的工作，要努力增强自身创新意识并为读者创造出新颖的图书产品。出版人是连接整个出版流程的关键人物，从选题到发行，所有出版流程都展现了出版人的创意。然而，由于图书原稿水平不同，出版人所付出的创造性劳动也就会有所不同。出版工作的第一步是选定主题，图书的主题有时由出版人选定，有时由作者选定。一位深谙创意之道的出版人经常从出版项目的起始阶段展开工作，主动探索图书主题，成为创意作品的开发者，构思出独具特色的主题。只有那些经过深思熟虑且呼之欲出的选题，才能最准确地反映出版人的原创理念及出版宗旨。

出版人原创的一个突出特点就是提出思想，留给别人去完成。经过一系列艰苦的创造性思维过程，编辑提出一个崭新的著述思想，设计一个新颖的题目，编写出详细的提纲，甚至将所需的有关资料都准备齐全，然后交由别人去进行具体的操作。有时，编辑产生了选题意念，或有了某种出版构想，但一时又不能作出准确判断，难以进行决策，这时就需要向有关方面的专家请教，或同被邀请的作者商量；有时，就算作者只是拿来一个初步的想法或写作草稿征询编辑的意见，也需要编辑与之磋商。此时，编辑便同作者一起进入了创作阶段：从题目的最后敲定，到书稿的全部完成，编辑始终都在与作者进行着同步创作。但是，由于编辑的特殊身份，他不能与作者处于平等的创作主体地位，因为这部书稿毕竟是作者的"孩子"，编辑既不能撒手不管，也不能越俎代庖。编辑与作者同步创作的过程，也是大多数书稿产生的过程。特别是对于那些缺乏写作经验的作者来说，更需要编辑付出较大的心血。为了完成一部书稿，培养一位新人，编辑常常要不厌其烦地"手把手"帮助作者"从头做起"——从写作的指导思想、总体构思到拟定具体的编写提纲、编写体例；从资料的选用、观点的阐述到风格的确定、技巧的运用，都要提出详细具体的建议和指导。有时还要将自己多年的知识积累、生活经验甚至研究成果和创作素材全部贡献出来，以弥补作者的不足。其精力的投入和智力的付出，往往超出自己独立创作时的付出。

编辑能将平平无奇的稿件转变为有深意的图书。一个优秀的编辑在对原稿进行深入修改和审查时，应能提出具有创新性的建议和想法，并能获得作者的支持和认可。编辑需要对作者提供的选题或书稿进行审查、对比和评估，然后决定是否将其纳入出版计划。在整个出版过程中，编辑的主要任务是进行再创作，也就是在作者提供的原稿上进行二次创作。这种再创作工作具有非常大的挑战性。在二次创作过程中，编辑需要对已经定型的作家来稿进行处理，需遵循"少改多就"的编辑原则，同时也要保证书稿质量。这不仅需要编辑具备创新能力，还需要其具备丰富的创作经验。编辑需要深入了解作者的写作水平、同类书籍的出版情况及原稿的质量，对原稿的内容进行透彻分析，形成全面认识。只有充分了解这些内容，编辑才能细致入微地开展编辑工作，才能提升自己的编辑技巧。编辑需要在保留原著创作风格和尊重作者观点的基础上进行二次创作，通过深化原稿内容、优化表达形式、加强论述的严密性，确保观点准确无误，从而提高原稿水平。

完成书稿内容编辑加工工作后，出版人的工作进入第二阶段，即对书稿的格式进行完善。具体来说包括撰写内容提要与前言、编写索引、规划版式、设计封面、组织印刷、准备征订和整理书评等。这些看似琐碎的事情实际上非常关键，需要编辑以认真严谨的态度去应对。一本著作的成功出版离不开作者和编辑的共同努力。在整个出版过程中，作者是原稿创作主体，编辑是后续工作组织者，后续创造是图书出版不可或缺的环节。

在市场竞争日益激烈的情况下，图书的营销和宣传变得越发重要，因此编辑在后续创作时也应注重图书的营销和宣传问题。营销和宣传是一部优秀著作在实践中发挥实用价值,并得到广泛认可和接受的有效手段。

随着市场经济的发展,图书出版业作为第三产业正逐渐变得市场化,其本身也在不断发展完善。在这个领域,出版人需要具备竞争意识,不断更新出版理念,抛弃过时或阻碍图书业发展的观念,深入领会新观念的内涵。观念现代化是指出版人对出版工作相关因素形成综合认识,其中包括编辑理论、编辑技术、经营管理、效益利润等因素。除了关注质量、读者满意度、服务水平和效益,目前出版行业还特别强调创新性、未来导向性、时效性、价值性,同时强调与市场需求相符的竞争意识、商品理念、经营理念及有偿服务观念。加强对这些现代理念和知识的理解和掌握,是提高出版人才素养的关键。此外,现代科研常借鉴其他学科的概念、方法,而控制论、系统论、信息论等理论已广泛应用于各领域,其名词术语的使用较为频繁,接受这种变化并与之协调、适应,也是出版人应具有的新观念。

出版人需要摒弃过时的出版观念,以免过度机械地开展工作。过时的出版观念会使出版人在编辑过程中墨守成规、思维固化,采取刻板的编辑方式,不会将上级意图与实际情况结合起来,缺乏创新意识和创造性。编辑工作并不是机械地修改、删补,需要编辑发挥创造性,提出新观点,理性地判断书稿的政治意识形态。在审视书稿内容时,编辑需着重审视其是否精准地揭示了客观事物的本质规律,是否敏锐捕捉并深入剖析了民众普遍关注的社会热点问题。同时,还需评判其反映问题的角度、深度与广度,内容的新颖程度,以及表达方式和形式的优化程度,帮助作者发现其中的不足之处,并找出新的写作思路。此外,编辑需要在标题制作方面展露新颖视角,在版面设计上体现创新理念。

目前,新科技革命推动着出版事业的飞速发展,对最新信息的收集和应用变得越来越重要。如今,信息已经变成一种宝贵资源和商品,在塑造企业未来和职业发展方面起着至关重要的作用。信息的传播速度和有效利用程度已经成为评判出版机构乃至整个社会进步程度的重要因素。过去,情报加工主要由图书馆的情报部门负责,情报加工人员需要阅读、筛选、分类大量文献,并负责进行标注或索引等一系列工作。文献经过"收集—情报加工—编辑出版"而变为情报信息的时间越短越好。如以编辑对稿件有较全面的了解为前提,以编辑加工作为情报加工的基础,在进行编辑加工的同时进行情报加工,随着"编—排一体化"的实现,编辑在操作电脑对原稿进行编排的同时，也会进行文摘、主题词、分类标引等内容的情报加工，这样，大量的情报信息将与文献同步出现。在信息大爆炸、知识老化速率较高的今天，加快"编辑—情报—体化"的步伐已迫在眉睫，刻不容缓。

在信息化时代背景下，出版人应具备信息意识，能够熟练地获取、精准地分析并有效地利用各类信息。这既能促使出版人更新思维，也能提高出版物的质量。如果获取的信息没有时效性，就难以确保选题紧跟时事，即使有出色选题也有可能找不到合适的作者；在审稿过程中，若信息获取不足，往往难以准确评判书稿的优劣，甚至可能出现把过时的研究成果当作最新研究成果的情况。因此，收集和处理信息已成为编辑的基本任务，其推动着编辑工作创新。获取与研究信息是一项需要持续进行的基础工作。出版人应当积极拓展渠道，全面收集国内外的相关信息，以满足编辑出版工作的需求。对于一切有助于编辑出版工作及提高出版人修养的信息，出版人都应当及时收集、妥善保存，并随时进行补充和订正，以便借此逐步构建属于自己的信息库。此外，出版人还需密切关注社会动态和时事新闻，不断收集、整理、分析各类信息，以保持敏锐的洞察力和判断力，充分利用信息资源，不断优化和改进编辑出版工作。

第六章 图书出版业的改革创新研究

本章介绍了图书出版业的改革创新研究,包括我国图书出版业的发展现状、国外图书出版的经验借鉴、传统图书出版业转型的必要性、图书出版业创新发展的策略等内容。

第一节 我国图书出版业的发展现状

20世纪90年代以前,互联网还没有传入中国,书籍、报刊等纸质媒体是大众获得知识和信息的主要方式。20世纪90年代,特别是进入21世纪以后,网络飞速发展,新媒体逐渐普及,智能手机已经成为人们日常生活中不可或缺的电子产品。目前,智能手机的应用软件种类繁多,各种类型的软件都有不同的功能,能够全方位地为人类提供各种服务。新媒体崛起对人们的生活产生了巨大影响。对于人们来说,以往出门容易迷路的问题,如今只需一部智能手机就可轻松解决。相较于传统纸质媒体枯燥乏味的文字解说,新媒体中的图片、视频展示更能吸引人们的注意力。在新媒体时代背景下,传统图书出版业遭遇了发展瓶颈。传统图书出版业所使用的纸质媒体、落后的运行体制及过于正式的文字表达已不符合现代社会发展趋势。为应对这一挑战,传统图书出版业应立即实施改革措施,打破各部门相对独立的运行体制,在使用纸质媒体的基础上引入新媒体;同时,应积极探索与互联网新媒体的融合,充分利用互联网技术,构建适应时代发展的新型运行模式,以确保传统图书出版业在新媒体时代背景下能够稳定、持续发展。

以下将重点探讨新媒体时代背景下图书出版业的发展现状。

一、没有完善的运行体制

在传统图书出版业中,实行的是社长单独管理体制或社长与总经理协同管理体制。基于这种管理体制，图书出版社下设采集、编辑、储运等部门，这几个部门各自独立运行。但是，在新媒体快速发展的今天，这种独立运行模式已日益暴露出缺陷。具体而言，由于出版社的不同部门与领导所关心的利益存在差异，部门间时常出现冲突与分歧，导致图书出版工作进程迟缓。由于出版社需要花费大量精力去协调各个部门之间的利益，因此它研究书籍出版的时间较为稀缺。更糟糕的是，就算有高质量的作品，也有可能因为内部的协调问题，无法在第一时间发布，最终导致出版物数量锐减、内容质量下降。因此，垂直式运行体制已经无法满足新形势下出版社的发展需求。

二、缺少创新型人才

在当今社会发展过程中，人才起着关键作用。然而，传统图书出版业很少重视创新型人才。在新媒体时代，如果没有具备创新思维的人才，就无法满足人们日益增长的数字化阅读需求。尽管有些作家仍然坚持纸质书籍创作，但另一些创新型作家则已经开始采用电脑打字的方式创作电子书籍，这样一来编辑效率得到了明显提升。传统图书出版业无法利用新技术，主要是因为他们缺乏具有创新精神的人才。传统图书出版产业依靠文字创作吸引受众群体，新媒体则通过大数据、云计算等手段对受众的兴趣与阅读喜好进行分析，进而实现个性化的内容推送，同时辅以音频、视频等多种形式，为用户提供更具吸引力的阅读体验。这使得人们对新媒体的依赖程度越来越高，也直接导致传统图书出版业的份额不断下降，这对传统图书出版业来说是一个巨大挑战。

三、读书的"成本"过于烦琐

以前，阅读纸质书籍是人们获得新知识的主要方法之一。由于新科技的进步，现如今人们不仅可以从纸质书籍中获取知识，还可以从电子书籍中汲取知识。一般而言，在传统的出版过程中，作家都是先把书稿写好，再把书稿交给出版社。接下来，由编辑部审核、编辑，再由出版部负责排版、设计，最终将书籍发往市场部销售。这一过程涉及各种成本费用，如包装费、印刷费、稿酬等，这些费用最后将由读者来买单。但在新媒体平台上，仅需支付平台费和作者稿费，读者便能以实惠的价格获得书籍，同时也消除了中间环节的成本，大大降低了读者的经济压力，因此越来越多的读者开始选择在新媒体平台上阅读书籍。以前，人们只能自己读纸质书，做笔记，与其他读者交流的机会较少。而在新媒体时代，读者可以在任何时间和地点与其他读者进行交流、分享心得、寻找共鸣，而作者也能从阅读网站上得到读者的反馈，从而对自身的不足进行弥补。在现代快速发展的社会中，人们需要利用便携式设备来随时随地获取信息，传统的书写工具和纸质书籍已经无法满足当代人的写作和阅读需求。并且高昂的开支、较差的阅读体验也是传统图书出版业的一大弊病。

四、缺少资金的支持

虽然传统图书出版业有政府资金支持，但与新媒体阅读平台相比，其依然面临着经费短缺的问题。在新媒体领域，广告商通常选择在门户网站或应用程序上大量投放广告，以提高浏览量，进而提升品牌影响力。投放广告的资金，亦会以投资的形式注入新媒体阅读平台，为其发展提供持续动力。新媒体阅读平台往往依托于大型企业集团，如腾讯旗下的 QQ 阅读、微信阅读，这些大型企业的雄厚资本为新媒体阅读平台提供了强大支持。在巨额广告收入和大型企业的支持下，新媒体阅读平台得以吸引更多优秀作者和创新型人才，进而不断提升内容质量与增强用户体验。甚至一些新媒体阅读平台还向读者发放阅读金币，以此吸引读者到自家的门户网站上阅读文章，这也使得传统图书出版业面临巨大的挑战。随着读者逐渐流入新媒体平台，纸质图书的销售量大幅下降，传统图书出版社的资金压力日益加剧，生存状况愈发艰难。因此，传统图书出版业亟须改革，以便更好地适应数字化时代的发展趋势。而如何吸引投资，从而为传统图书出版业注入新的活力，则成为当前较为紧迫的任务之一。

五、受原材料和税收的影响

由于传统图书出版业主要出版纸质书籍，因此其经营成本受纸张等原材料价格影响。当纸张的价格上涨时，出版社的生产成本也会增加，其盈利水平也会因此下降。在原材料价格不稳定的情况下，出版社应时刻关注原材料的价格动态，努力在合理控制成本的情况下，获得高品质的原材料，以满足企业的生产需要。另外，出版社也要关注版权采集成本。而且，只有优质的图书才能激发读者的阅读兴趣。在数字化出版和分销模式日趋成熟和完善的今天，关于优质版权资源竞争也越来越激烈。

不仅如此，出版行业在财政、税收方面一直享受国家政策扶持。图书出版企业享受的税收优惠占企业利润总额的比例较高，具有鲜明的图书出版业特点。未来如果国家对文化产业的税收优惠政策发生变化，将会直接影响企业的经营业绩与资金运转，若是失去政策扶持，企业的经营现状堪忧。

第二节 国外图书出版的经验借鉴

一、美国的图书出版经验

2008年爆发的全球金融危机曾使美国出版业遭受了较大的冲击，但通过一系列技术和制度上的创新措施，美国依然保持着世界出版强国的地位。

（一）创新图书出版相关制度

美国政府十分重视出版行业所具有的社会影响力，通过经济政策和法律法规对出版活动进行调控和管理，尤其在法律制度上的创新，对提升美国文化软实力发挥了巨大作用。

在税收政策方面，美国政府不但不对非营利性出版机构征税，还为其提供很多资金支持；美国一般会采取先征后退的方式进行征税，实际上就是对进口图书免征进口税，而对向海外出口的图书免征营业税和增值税。近些年，美国在出版业税收方面的调控大多集中在网络图书上。

图书物流的法律同样被美国政府重视。2006年成立美国邮政监管委员会，致力于"培养21世纪至关重要的、有效的普遍邮递系统"，制定《邮政责任增强法案》，以透明、可靠、灵活和可预测为原则，赋予了美国邮政面对邮政环境挑战的新手段。美国出版商协会参与促成了这项法案的通过，较以往更加灵活的邮政费率无疑将促进美国出版业的发展。

此外，每年美国政府都会出台一些与教育和图书相关的法案，这较大地推动了出版业的发展。例如，面对大学教科书持续涨价的趋势，美国很多州政府都就高校教科书费用问题提出了议案。

（二）独立出版社成为重要主体

美国出版业的两极分化越来越明显，大型出版社被大财团或跨国出版集团并购。2023年，企鹅兰登、哈珀·柯林斯、阿歇特、西蒙与舒斯特和麦克米伦五大出版巨头出版的图书占84.8%，而同时还拥有众多小型独立出版社。

独立出版社之所以能够在美国大量存在并发展迅猛，首先源自出版商的个人热情，很多大型出版集团的骨干精英为了实现个人追求选择自主创业。此外，网络出版和桌面出版系统等信息技术的出现也减小了小出版社进入市场的难度。独立出版商还非常关注新小说作家人群，注意培养自己的签约作者，这也为小出版社的发展提供了条件。

作为美国出版业的重要组成部分，这些独立出版商体现了出版文化的核心精神和重要属性。他们出版的图书往往代表着出版商个人的欣赏水准，而不是为了迎合市场。并且，他们也不是只在出版业的边缘地带活动，这些人甚至在一些主流领域或独立出版公司中也有着重要影响，相比庞大但运营较为复杂的大型出版集团，这类公司往往更具有创造力和创新力。顾及成本压力，大型出版集团通常不会轻易进入未知的新市场，因此在创新上也就比较保守，并且官僚化的管理体制也致使大集团在把握新市场方面行为较为缓慢。而小型出版社则反应迅速，敢于标新立异，擅于瞄准机会出版能够吸引读者注意力甚至引发争论的新书，从而占领了很多小众市场。

（三）创新教育出版市场

高校教科书市场一直在美国出版市场中占有重要地位，从20世纪80年代后期开始，美国的高校教材价格便开始持续走高，一本教材动辄达上百美元，成为很多美国大学生的沉重负担。

一般而言，购买电子教科书比购买纸质教科书更省钱，在美国，学生购买一本电子教科书就可节省大约54.3美元。另外，一些网站还向学生提供在线学习资料，学生可下载收费或免费的学习资料。由于电子教科书比纸质教科书更实惠，美国政府开始在全国范围推广电子教科书。一些专家判断,在今后十年,美国大部分中小学将逐步抛弃纸质教科书,转向使用电子设备。

(四)数字出版领域的创新

随着互联网和数码技术的飞速发展,互联网用户急剧增加,人们对阅读的要求也越来越高,美国出版业也像世界上其他国家的出版业那样,经历了一个"调试"和"集成"的过程。在这样的大环境下,数字出版的迅猛发展,对美国出版业的发展起到了巨大的促进作用。

但最初许多出版界人士并不看好电子图书的前景,认为电子图书很难成气候,但他们高估了人们对纸质图书的依赖。直到2007年11月19日,网络零售大鳄亚马逊公司推出新一代电子阅读器Kindle,用事实证明电子图书大有可为。而当亚马逊开展手机阅读服务的时候,谷歌公司也宣布进军手机阅读市场,此后,电子图书在美国民众阅读中的比重日益增加。

面对迅猛发展的电子图书市场,美国传统出版公司如梦方醒,奋力转型。很多出版商积极建立数字化书库,跟进手机出版。不同于其他国家的是,美国教材出版市场的数字化走在了前面,廉价的电子教科书受到了大学生的追捧。

商务服务处面向的合作对象一般都是中小型出版公司,这些合作或者帮助并非为了使它们能够与同类公司进行竞争,而是为了填补大型出版集团所认为的缺乏营利价值的市场空白。

(五)多渠道的发行体系

美国图书发行主要有这样的几条渠道:①出版集团自办发行。主要是发行教科书和畅销书,比如兰登书屋、麦格劳-希尔和培生均有强大的批发和物流系统。这些发行部门在为本公司发行图书的同时,也为其他出版社发行图书,具有了"第三方发行"的功能。②图书中盘公司发行。比如英格兰姆和贝克·泰勒是美国最大的两家图书中盘公司,均拥有30万到40万图书品种的发行能力。③超级连锁书店。比如巴诺书店在全美共有700多家连锁书店,其中面积在2000平方米以上的书店就有200多家。④直销。比如针对图书馆等特殊客户的销售,另外,相当份额的专业图书也采取这种直接面对读者的销售方式。⑤读者俱乐部。这五大渠道之间既是一种互补的关系,也形成一种竞争的关系。需要注意的是,发行商还要负责为出版社的图书做宣传推广，而不是简单的代理销售，因此，大型的发行商为出版商提供的是一种个性化的服务。

同出版集团一样，发行公司也在走专业化和市场细分的道路。比如英格兰姆于 2004 年创建的出版商服务公司就是通过为出版商和零售商提供个性化服务而获得市场利润的公司。该公司上游有 23 家出版社，下游客户则主要有亚马逊书店、巴诺、鲍德斯及大学书店等。该公司的功能是为出版、零售之间提供无缝链接，保证出版社的书发到尽可能多的地区，使书店在第一时间能够收到新上市的图书。该公司已经从传统的批发模式（以量取胜）转向以服务取胜的新的发展模式。

二、英国的图书出版经验

提起英国的出版业，最让人赞叹的便是其图书出版的品种数量，特别是当我们意识到英国总人口只有 6 000 多万（美国人口的 1/5，中国人口的 1/20），而英国每年出版的新书种数竟然达到十几万的时候，图书品种的繁多庞大更是让人觉得不可思议。英国的新书出版种数一直位居世界前列，甚至经常五倍超越于本国人口，超越同样是出版强国的美国。虽然在综合国力方面英国已经不再是世界一流强国，但是在文化实力上，尤其是在出版行业方面，它仍然保持着世界领先地位。

英国出版业的蓬勃发展从侧面反映出英国的软实力。英国出版业已经发展了相当长的一段时间，它的思维方式、意识形态、社会传统都是建立在工业文化基础上的，它不仅得到了人们的认可，也成为英国争夺世界话语权的重要力量。英国的文化软实力为何能一直保持领先地位？它是如何在出版业中屹立不倒的？以上两个问题值得我们深入思考。

（一）将发展创意产业提高到国家战略高度

第二次世界大战结束后，称霸世界一个多世纪的"日不落帝国"在硬实力上已经无法与新崛起的美苏两个超级大国抗衡，于是英国逐步开始进行战略转型，依靠民族创新传统，结合多年积累的资源和优势，它逐渐探索出了以创意文化为引导的可持续发展之路。20 世纪末，英国政府率先将文化产业定位为创意产业，出台了《英国创意产业路径文件》,施行推进创意产业和以"创造性"价值为导向的产业政策,以调整产业结构,提升英国全球化时代的竞争力。政府专门成立了相关的工作小组,由首相亲自担任组长,并针对性地设立了文化传媒体育部。为了便于协调政策,政府还组建了跨行业、跨部门的创意产业行动小组,由文化大臣负责。英国政府出台的一系列政策,就是为了利用文化和思想方面的影响力保证英国仍然能够在世界上保持强国地位。

英语是世界性语言,加上文化、历史等方面所独有的外交资源,英国一直在国际文化领域发挥着重要作用。伦敦持续在音乐、电影、建筑、出版等文化产业保持着的世界中心地位。

那么,英国政府采取了哪些措施来扶持出版产业、推进管理制度创新的呢?

首先,成立专门部门来扶持出版业发展。作为一种产品行业,英国的图书出版行业一直以来都由贸易工业部管理。贸易工业部按期对各种形式的印刷媒介进行研究,并以此作为制定保护出版业政策的依据。除此之外,还会向一些出版商协会或公司企业等组织提供专项资金以帮助其参加国际书展等活动。然而随着政府把发展创意产业定为基本国策,国家对创意产业的管理也需要更加集中,因此对出版行业的宏观管理便转移到了文化、传媒和体育部。DCMS 专门成立了创意产业领导机构,并设立"出版""音乐""电影""网络游戏"等四大管理分部,派专人负责管理。而出版管理部门就负责支持包括印刷与网络、数字领域的杂志、期刊、图书、报纸在内的各类通讯社及出版机构,这个部门的主要职责是代表英国出版业处理版权保护和出版自由等问题;确保各种出版方面的调控举措可以更快更好地顺利实施;监督协调出版业里的并购案例,评估是否符合公众利益等。

其次,培养全民阅读习惯,营造出版行业良性持续发展的人文环境。政府制定了有针对性的促进项目,制定良性、健康、可持续的图书行业秩序。如 1992 年发起的由英国公益组织图书信托基金会等机构联合发起的"阅读起跑线"项目,目的就是培养青少年儿童的阅读习惯。项目通过开展"国际儿童图书周"和"一起写"计划等文化活动及向全国婴幼儿免费发书等,来保证英国的儿童能够在很小的时候就能在父母的陪伴下体验阅读的乐趣,以此培养国人良好的阅读习惯。

最后,政府出台多项保护和扶持出版业发展的优惠政策。虽然 2008 年爆发的世界金融危机使得英国商品增值税连续调整,但以往对图书出版业免征增值税的政策仍然未变。作为英国重要文化机构的文化委员会也负责着出版业的版权输出和引进的事宜，该机构每年都提供逾百万英镑的推广资金，以鼓励和帮助英国出版企业在国外参加、举办各种书展。除了文化委员会，英国海外贸易局也定期为出版公司提供近百万英镑的资助。

（二）打造外向型出版强国

英国出版业较之其他国家最突出的特点是其外向型的出版产业格局。英国曾经的全球扩张行为在一定程度上为如今遍布全球的市场提供了有利条件，因为语言在出版业有重要意义。那么英国是如何做到并持续保持在全球英语出版市场的领导地位的呢？

第一，英国的出版公司率先实现了跨国发展。为了加强控制海外市场，英国出版集团运用国际化的重组、兼并完成了出版业内部格局的调整。英国的出版公司向海外进行推广时非常善于利用自己的品牌和多年积累的资源，形成规模化效应，以此为基础在经营上进行资本扩张，在各个国家和地区设立分社、分公司、子公司等据点，并结合当地资源，使其海外出版业务得以充分开展。

第二，利用文化输出机构巩固英国文化在世界上的影响。英国特别善于利用在世界各地办图书馆的方式培养英语阅读的市场。作为促进英国对外文化教育交流的半官方文化组织，英国文化协会在海外的二百多个城市设立了办事处，并积极兴办图书馆以进行文化传播。迄今为止已经在一百多个国家和地区建立了一千多座图书馆及信息中心，这些图书馆或信息中心全部以英国本土的系统为原型建立，已经形成全球规模最大的图书馆网络。

可以明确的是，英国文化协会所收藏采集的图书大多是英国出版的英语图书，在对英国文化进行传播的同时也增加了其他非英语国家阅读英语图书的群体。而更加直接的效果是，如此庞大的图书馆分馆网络本身就为英国出版业的海外销售提供了一个十分重要的市场。所以，软实力建设与图书出版是相辅相成的。此外，英国图书出版的对外出口可以长期旺盛关键，增值税免征政策也是一个非常重要的原因，这项政策在很大程度上增强了英国图书在全球市场特别是欧洲市场的竞争力。其他欧洲国家多次试图干涉英国的这项政策，以降低英国图书向本国的倾销数量，然而英国政府却一直坚持这项政策，由此可见它的重要性。

第三，联合多个产业打造英语工业帝国，在出版形式上积极创新。虽然同样作为英语国家的美国，其出版业也对这个市场进行了瓜分，美式英语市场与英式英语市场并行，但这并没有影响英语教育出版成为英国出版业发展势头最好的领域。特别是在传统的欧洲、南亚、中东、非洲等传统市场，其霸主的地位仍不可动摇，而它在中国等东亚地区的市场也占据着重要份额。通过各项改革创新，近些年英国出版界又进一步壮大、巩固了英语教学市场。

首先，英国出版业通过国际化、集团化充分发挥出版产品的规模作用。教学出版物的一个特点是，在前期必须对产品研发进行大量投入，并且还需要进行持续不断的市场营销。当市场达到一定规模的时候，就会获得持续收益。英国的出版公司努力开发面向全球的产品（以改编的方式使教科书适用多个市场）的同时，也意识到不同的市场有着不同的需求。例如，面向不同国家中小学阶段的教科书出版，英国出版公司就十分重视与当地英语出版机构和英语教学工作者进行密切合作，有针对性地开发教材。并确保所开发教材能够涵盖幼儿英语学习、中小学英语学习、高级英语及商务英语学习等市场。所以集团化和国际化的经营是成功的重要因素。英国著名的圣智学习出版集团与中国新东方教育集团联合打造编写的"iEnglish 爱英语"，就是为中国学生而开发的新品牌产品。此外，英国的出版公司还通过兼并或收购其他国家的出版公司以打入该国的图书市场。

其次，利用出版形式和技术的创新促进英语教学出版。在数字化时代到来之前，英语教学是以纸质书为主，相关音像制品为辅进行的，如今教材出版转向数字出版模式，其形态已经变得多种多样。从本质上说教学属于一种交流活动，它是在"教师—教学媒介—学生"的相互影响作用下进行的，所以互通性是教学必不可少的，教学的数字化出版不仅仅是指教材的电子化，还有数字化的教学平台。利用网络平台，教师和学生之间的交流可以更快、更准确，这比传统的面对面教学方式更具优越性。课程内容也不再拘泥于传统的印刷教科书。英国一些知名教育出版公司已经建立起网上教学平台，它们除了为学生提供数字教材，还将网络交互方式与传统的课程资源进行了深度融合，为英语教育和出版事业的不断发展作出了巨大贡献。

最后，教育出版企业与学校、考试机构、培训机构密切合作，构建了英语产业的工业化模式。英国利用英语获得收益的不仅仅是出版商，还包括学校、考试机构及培训机构在内的很多组织，这为英国提供了很多就业岗位。剑桥大学出版社联合主办雅思考试的英国文化协会出版官方考试培训材料，获得了巨额收入。

（三）突破传统思维实现跨越式发展

目前，英国出版业的数字化转型已经取得蔚然可观的成绩，英国的出版业已经升级成为数字化时代的服务业，从英国同行们的实践中我们可以得到以下启示：在数字化时代，传统出版如何跳出传统思维，改变原有的营销推广方式，将纸质图书和产品服务有机绑定，与读者建立良好的用户关系，将是我们未来应该着力的方向；对于数字出版而言，如何打破单一提供电子书的生产模式，克服格式转换的技术困难，实现内容的精细分层、碎片化及动态可修改，应该是我们未来努力的方向。

英国出版业是世界的领先者，其高超的出版社和劳动者辛勤的工作及创造力，使得该行业蓬勃发展。从某种程度上来讲，我们每个人在生活当中都在享受着出版带来的好处，所以出版行业一定会成功地持续发展。这当然是对英国出版业的精准概括。中国作为现代出版业的新兴国，其出版产业的增长速度领跑世界。北京国际图书博览会（BIBF）已经跃升为国际性书展，当当、京东、天猫等电商平台销售规模与日俱增，网络文学IP运营成为令人瞩目的文化现象。中国出版人还需进一步突破传统思维，勇于变革，实现数字出版转型的跨越式发展。

三、日本的图书出版经验

日本出版业于20世纪后半叶迅速崛起，其图书总销量和人均购书都位居世界前列。但1997年爆发的亚洲金融危机及网络新媒体的冲击使日本出版业陷入了长达十几年的萧条期。为改变现状，日本出版界团结一致努力争取政府的政策扶持，从科技、经营策略和国际市场等多途径不断创新，积极探索解决之道。

推动全民阅读，增强全民"读书力"，是破解当前图书出版业持续低迷局面的一条重要出路。近几年，世界各国都在重视全民阅读习惯的培养，并将其上升到国策层面，而出版业则是促进大众养成阅读习惯的引导者。近年来，日本政府发起了一系列的文化工程，试图扭转日本"脱离活字"的局面。"脱离活字"一是指不读纸质图书，只读电脑、手机等数字载体的电子书，二是指不读富含文字的书而只看漫画。虽然日本人素有"爱读书"的美誉，但据调查，日本的人均购书量呈连年下降的趋势。

近几年来，日本人逐渐减少了读书的次数，这给出版行业带来了很大冲击，这是一个非常值得关注的问题。日本媒体对此进行了深度剖析，认为日本之所以能够在以往的现代化进程中取得杰出成就，主要是因为国人喜欢阅读。但是日本现阶段的科学技术实力却呈现出衰退的态势，这和日本出版业目前面临的困境是密切相关的。值得一提的是，日本出版业中的漫画产业占有很大比例。但是，因为漫画主要是图片，而且是人们娱乐休闲所需，其并没有太大的学术研究价值，所以日本漫画在出版业发展过程中，虽然起到了积极的推动作用，但导致国民智力水平下降，对日本科学技术的进步和发展产生了不良影响。日本从政府到出版公司，都在积极推动全民阅读，以引导国人重拾读书的好习惯，进而提高全民的阅读水平。他们积极号召全国人民参与阅读活动，尤其需要重视培养儿童良好的阅读习惯。同时，日本政府也在全国范围内，从法律层面上推进"全民阅读"，希望能改变国人的读书习惯，为民族的长期发展打下良好的基础。

一系列的政策措施并没有对日本出版业产生立竿见影的促进作用，国民的阅读习惯也不可能在朝夕之间就发生本质改变，但从长远看，必定会对提升国家软实力起到积极影响，而这些决议案也会为广大的出版公司带来持续利好。

在日本出版业中占有重要地位的漫画出版也进行了数字化创新。日本政府大力扶持"振兴日本漫画"计划，努力使漫画成为日本的文化大使和国际名片。日本的数字出版包括两种：一种是纸质出版物转化成的数字出版物；一种是直接以数字形式创作的数字出版物。纸质出版物转化为数字出版物的形式在漫画领域占据主导地位。数字漫画中，主要有手机漫画和电子漫画。电子漫画又包括网络电子漫画和电子书漫画两类，电子漫画获利的方式是先利用免费的漫画将大量读者吸引到阅读平台上，等平台有了一定量的阅读群体后再投放广告或向读者销售纸质漫画书，以此获得广告收入和销售收入。

数字漫画融合了传统日本漫画的要素，并利用数字技术的各种功能，为漫画注入了多媒体元素，增强了读者的互动性，丰富了读者的阅读体验，使漫画本身更加个性化。传统的大型漫画出版公司，如小学馆和集英社，也在努力拓展数字漫画的市场，在与手机运营商合作的过程中，为日本迅速发展的手机增值业务作出了巨大贡献。虽然漫画在日本出版业中扮演着关键角色，为日本文化输出作出了巨大贡献，但它对日本国民的语言能力、阅读理解能力、科技创新能力及国家文化力却产生了一些不利影响。新的数字技术在推动日本数字漫画出版发展的同时，也一定会对其整体的文化发展产生更深更广的影响，这些都是我们中国出版业需要借鉴和思考的。

近几年，日本电子图书产业也进入快速发展阶段。追溯到2010年，当iPad平板电脑首次在日本上市时，它的出现立刻引发了一股电子图书阅读热潮，并带动了一大批电子图书和相关服务的出现。

日本很快便在同一年出台了促进电子书产业发展的一系列举措，如日本总务、经济产业及文部科学三省联合召开的数字化商谈会，商讨"在数字网络化社会如何推进出版物利用效能"，还有"数字化教科书教材协议会""电子出版制作流通协议会"建立并通过电子杂志的著作权指导方案等。

作为传统的电子产品生产大国，日本在电子阅读载体方面迅速开发了许多产品。例如2011年，索尼推出的平板电脑，东芝推出的电子书阅读终端等。有些厂商还在研发超薄、彩色的电子纸技术及电子书包等教育数字产品等。这些技术创新寄托着日本出版界对数字出版产业的期盼，但相对于博客、微博等媒体提供的免费阅读内容，电子书的盈利模式还不够明朗。而且面对谷歌、苹果等国外IT巨头在数字内容平台的支配地位，日本出版企业亟须提升自身的产业核心竞争力。针对这一问题，日本正在构建面向国内的电子书流通服务支撑系统，以有效地推动数字出版产业的发展。正因为有着如此强烈的危机意识，日本出版业在很多方面都进行了创新尝试，如媒体融合、改委托销售为责任销售等。能否成功应对新技术带来的挑战，关系着出版业自身的命运，更关乎国家的国际影响力和文化创造力。

第三节　传统图书出版业转型的必要性

互联网和数字技术的进步对人们的生活方式和工作方式产生了较大影响，很多受人关注讨论的话题、事件都是在互联网发生的，传统的出版与读者间的时间和空间限制被打破，人们在互联网上可以随时随地进行交流，作者和读者、编辑之间的关系也被加强，而这种开放性也势必使得更多的需求、意见被导入，这种打破时间和空间的变革性，影响了人们的生活习惯，也必将影响出版的发展方向，其从传统出版势必要向现代出版转型，究其必然因素，有以下五个方面。

第一，科学技术的进步是推动出版转型的重要因素。在任何时代科学技术的进步必然催生新的社会产品及新的生活方式，如电灯的发明，使人们夜间的时间延长，从而也导致夜生活的丰富、夜间商业的产生等。而纵观整个出版业的发展更是如此，出版技术从发明纸张改变了出版的载体，再到印刷术的发明使出版传播得到急速发展，时至今日，互联网及数字技术的发展也导致了出版物的载体再次转移，现如今已经转移到了网络的虚拟空间中，打破了时间、空间的限制，连接了世界，只要在网络上关注某本书的人，都可以和其他读者进行交流，甚至作者可以通过互联网进行书籍的自我销售。而在此基础上的出版业，如果无视市场环境的变化，那么只能是作茧自缚。

第二，读者需求环境的变化是促使出版业从传统向现代转型的动力。对于任何一个企业来说，客户需求至关重要。在出版市场，其客户群就是千万读者，读者喜欢什么类型的书，喜欢什么语言风格，习惯用哪种载体看书，喜欢哪个作者等都是出版公司必须进行调研分析的重要内容，因为需求产生生产。而当营销的对象需求发生了变化，如果出版人不及时作出调整和改变，那么很可能被市场抛弃。在当前的出版环境中，读者群本身就在发生变化，随着80后、90后、00后的加入，传统的阅读模式已经悄然改变，而技术变化导致阅读载体发生了变化，也使读者的阅读习惯发生了变化。消费决定资源分配，当今的读者对阅读视听的需求增强，即时查阅、个性化性质、跨平台服务、互动性强等特点势必导致出版资源分配及时进行调整，从而进一步推动了研发和生产，以真正满足新市场环境下新读者的需求。

第三，市场资本的积累是传统出版向现代出版转型的后盾。对于市场经济而言，其进行资本市场的运作和调控，主要依据是资源的配置状况及价格，将资金和资源投向那些高效率的地方，以此推动产业上的升级，这也是衡量市场经济的标准。在这方面，现代出版积累了现代的科技，也积累了相应的人才储备，只有对人才资源合理利用，才能促使现代出版合理发展。

第四，国家对现代出版的重视及政策上的支持。中国的经济发展一方面靠市场自身的作用，另一方面也有国家的调节作用。国家会在多方面给予相应的支持，如市场空间、资金、技术、人才等。而在现代出版发展过程中，国家不但给予了多项鼓励措施，也在政策文件中多次提到对市场进行规范，这也是现代出版转型的大好时机。

第五，出版业的国际化趋势不断增强，致使其在跨界影响中的作用越来越大。出版数字化是世界出版业的发展趋势，在全球出版业的发展中，他国的出版发展也会提高中国的现代出版行业技术，提升出版发展速度，促成传统出版向现代出版的转型，也一定会间接影响与之相关的各行各业，还可以加强各国间的经济贸易。还有，我国在本国出版业发展过程中，也应当发挥自身的作用，积极参与国际化分工，加强自身与其他国家的交流与沟通。

第四节　图书出版业创新发展的策略

随着数字技术的不断发展，图书出版业开始迈向新的发展阶段。在推进业态创新的过程中，需逐步构建出版生态、提高出版品质、创新经营模式，同时要综合考虑融合和开放的双重发展方向，进而优化出版营销环境，推进出版流程重组，推动产业与产品模式的更新与转变，以适应读者多元化的需求。

一、图书出版业要与多方面相融合

"融合"意味着使不同领域的要素交融在一起，最终形成一种新的形态。这种融合并不是指新兴业态与传统业态的简单融合，更是新兴业态对传统业态的继承和改进，是产业要素多层次、多方面的融合。在新时代，传统出版流程已经跟不上新技术、新思想的发展，因此出版业要想实现创新发展，就必须重构产业链和出版流程。笔者将从出版与新兴科技融合、出版与文化创意融合、出版与资本运营融合、出版与实体经济融合四个方面论述。

（一）出版与新兴科技融合

出版与大数据、物联网、人工智能、云计算、虚拟现实、二维码识别等新兴科技密不可分，科技已渗透进出版的各个层面。每一次科技的飞速发展都促使出版业态发生变革,当今已从单媒体出版转变为融媒体出版。信息技术使得人们可以运用多种感官接收信息,这不但改变了人与外界的信息交流方式,也提高了人们获取信息的能力。如今,出版业最大的变化是参与者数量的大幅增加,过去的参与者主要由国营出版商和书店构成。但是信息技术将"书"延伸到"内容产品",所有相关内容和公司都加入了出版业,如电子商务、互联网、通信、搜索引擎和其他企业。互联网企业通过并购重组介入网络出版领域,转变了传统出版思维方式,掌握了部分优质原创内容资源,积极利用海量内容资源创新出版方式,充分提高了出版产业质量与影响力。技术对出版产业的作用显著,运用人工智能将各种新兴技术集成于产品,有助于出版工作者开展编校工作。新兴技术呈现加速发展态势,逐渐渗透到出版业每一个环节,包括创作、自动出版、数据分析、书单推荐、购书导引、笔记索引、物流跟踪等,使其发生了颠覆性变革。例如,一种"穿着读"的"感官小说"由麻省理工学院媒体实验室的研究人员研发,他们将电子书连接到一件高科技"背心"上,读者穿着"背心"读书,"背心"通过挤压与震动让读者感受到胸闷与压迫感,以便充分体验书中人物的情感变化,电子书还会根据书中角色遇到的情景及读者的心率而改变灯光,在用户群中逐渐形成一定的产品认知及购买意愿。

新兴科技推动了新一轮出版生态的重构,增强了读者的阅读体验,加速了出版内容、出版载体、出版服务、出版发行的升级。"互联网+"形成新的思维模式,有效促进传统出版业进行自我转型,积极指引出版业发展新方向,引导出版公司通过创新思维解决出版转型中遇到的各种问题。同时,大数据分析用于量化出版内容的价值,不但深入探索了读者的喜好与习惯,也准确划分了读者市场与所在群体,并提供了分众化定制内容产品。目前,已有多家出版社实现业态创新,简单来说,就是将增强现实(AR)技术引入图书出版,以期打造互动图书,如接力出版社的"香蕉火箭科学图画书"与"香蕉火箭AR"应用程序配套使用,使纸质书中的内容呈现3D动画效果。新兴科技改变了读者的阅读体验和阅读习惯,借助语义出版大数据分析技术,出版者可以将定制生成的个性化内容推送给目标读者,提高读者筛选精确度。例如,人民出版社的语义自动识别工具可实现语义查询、自动对比、概念关联等功能,提高内容的可操作性和交互性,增强阅读体验。2011年,方正阿帕比(Apabi)提出"云出版服务平台"的概念,不但在互联网上创建了数据库和综合数字出版服务平台,还得到了许多合作伙伴在数字使用方面的支持。如方正阿帕比总经理所述,云出版平台商业模式的优势在于"自主运营透明结算"和"快速对接灵活运营"。这是传统出版业的"互联网+"革命性业态转型,中国传统出版产业必须寻求新机制、新业态的规模化发展,形成新的统一规范产业链,以适应技术发展需要和用户多终端数字阅读的需求。

未来在科技引领下将是智能化的数字生态时代,人工智能将引领社会潮流,符合"以用户为中心"的传播理念,突破了传统出版的束缚,通过产业形态重构和转型,最大限度地满足读者的需求。2017年,国务院印发《新一代人工智能发展规划》提出:"把握人工智能技术属性和社会属性高度融合的特征。"以人工智能技术为支撑的出版新业态有利于出版内容、生产方式与生态环境的优化,使之完善出版系统与创新出版生产结构。人工智能技术使出版生态环境发生改变,这也使其在出版发行、印刷物流、数据加工、数字阅读、数字教育等领域得到广泛应用,由此将为出版业的转型融合带来更多可能性,也将为出版业态创新带来新的机遇。此外,二维码技术的广泛运用为内容的多元化延伸提供了入口,也打破了纸质图书与数字资源的界限,读者通过扫描图书自带的二维码即可获得配套音、视频资源,这可以丰富图书内容、增强阅读黏度、读者的阅读体验。人民出版社、长江少年儿童出版社、安徽少年儿童出版社、人民日报社等出版单位基于纸书的二维码模型,打造了多种资源与服务为一体的交互性"现代纸书",并依托大数据对读者喜好进行个性化定制,为读者提供精准服务,增强读者黏性并实现盈利。

(二)出版与文化创意融合

中国出版集团总裁谭跃表示:"在新时代,传统出版业的重心正在转移,融合发展逐步将成为主旋律。在数字化网络化的浪潮中,传统出版商的要害是内容数据,关键是内容数据的集成,核心是内容数据的研发应用。在数据化中,出版将成为内容创新的主体,内容数据的规模化、资产化、集约性、增值潜力将越来越代表着出版新业态的方向。"[①] 出版产业链逐渐从水平、垂直方向延伸,知识产权已经成为一种新的产业模式。在各种文化活动和原创项目的大力推动下,以高质量的书籍为基础,深挖其包含的有价值内容,做到一次出版和多方面再利用。例

---

① 袁舒婕.数据驱动出版业态新方向 提供精准服务着力平台建设[R/OL].(2018-01-08)[2023-12-16].http://media.people.com.cn/n1/2018/0108/c40606-29751917.html.

如,《人民的名义》《三体》等诸多图书 IP 被用于影视开发,增加了图书的发行量。同时,出版社通过构建社群作为图书营销的渠道,实现了出版产业链的可持续发展。例如,湖北科学技术出版社以"绿手指"园艺图书资源和品牌为基础,整合花友、园艺旅游、活动培训、文创服务、园艺商家等产业链,以"知识+"实现园艺产业链延伸。

出版与文化创意融合在实体书店的实证也愈来愈多,如表 6-4-1 所示,它要求实体书店不仅出版图书,还需要生产各种创意产品,以便满足数字化时代读者的多元化阅读需求。如今,实体书店多业态聚合,通过创造文化价值使书店得以增值,对于书店而言,卖书的同时也是在卖精准服务,书店的空间设计、物件陈设、结构布局等都是传达意义的媒介,共同为读者营造了沉浸式的场景体验。互联网上大量信息的涌入及丰富的多媒介阅读体验形成了当代人的阅读习惯,传统书店需要进行业态创新,以期转变为知识、阅读、创意为一体的动态阅读,通过举办读书会、沙龙、讲座,积极带动读者参与、分享与讨论,有效促进全民阅读的形成。例如,中国台湾诚品书店设立"诚品讲堂",借助知识的载体和人文的声音,邀请当地学者组织讲座,鼓励读者深入思考并扩大其阅读范围。读者出版集团以读者文化和阅读服务为核心,融合公共借阅、分享体验、阅读讲座、知识服务、文化产品销售、咖啡花语,激活读者的文化情怀,引领生活风尚,为书店赚取流量。

表 6-4-1　中国部分文创书店

书店名称	经营特色
西西弗书店	书店 + 咖啡 + 创意市集
言几又	书店 + 咖啡 + 创意市集 + 艺廊
诚品书店	书店 + 咖啡 + 创意市集 + 画廊 + 商场 + 餐饮
钟书阁	一店一主题、一店一格调
猫的天空之城	书店 + 咖啡 + 创意市集 + 寄给未来(明信片)
扶光书店	书店 + 咖啡 + 创意市集 + 儿童乐园 + 多功能厅
建投书店	人物主题书店 + 创意市集 + 轻食 + 出版策划
初见书房	书房 + 主题 + 咖啡馆 + 独立设计 + 生活态度

实体书店以"空间 + 文化创意"模式为主导,如苏州"猫的天空之城概念书

店",该店陈展的"寄给未来"明信片、城市手绘地图及一系列极具"猫空"风格的文创产品强调了清新创意的空间气氛。哈尔滨"果戈里书店"会为读者提供多项精准服务,包括果戈里书店VIP会员项目、果戈里讲堂、果戈里迷你剧院、果戈里书店婚礼、果戈里会议、沙龙平台、果戈里西餐、果戈里咖啡等饮品,以及果戈里时光银行按需印刷项目、果戈里编辑部出版项目、果戈里文创空间、企业图书馆、书海游学项目。2014年,"朗读者计划"活动由果戈里书店推出,书架周围的小舞台配有灯光、音响、单人沙发等作为阅读场景,读者都可报名参加朗读。实体书店以空间作为契机,逐渐与银行、车站、医院等多元业态融合,连接阅读空间与生活场景以满足读者的日常生活需求。未来实体书店进入社区将成为趋势,并会进一步融入生活场景,进而形成各种复合型书店,如机关书店、校园书店、商超书店,实现由"书店"向"书店+文化+生活+服务"的转型,成为社区生活必不可少的空间场景。此外,未来的实体书店将利用互联网共享思维来不断增强智能化,如自助购书、机器人导购、AI创新技术、电子阅读设备展示等各种新兴技术将进一步辅助书店,这将有效促进书店对非书购买场景等个性化的技术场景的创建。例如,单向街书店的《单读》每期由许知远和其他知识分子共同撰写特定主题,《单读》将历次沙龙活动嘉宾的演讲聚集成书出版,"单向历"以"每天撕一页"为产品创意,结合增强现实技术实现创意传播。

(三)出版与资本运营融合

资本运营是指通过投融资、资产重组和产权交易等手段,对包括货币化资本和资本的各种变化形态进行优化配置和有效使用,从而实现资本增值最大化的活动过程。出版体制改革是中国文化体制改革的重点,资本在其中扮演着融合资源与重构出版产业链的重要角色。出版与资本运营实现融合,为读者提供个性化定制服务,出版商也会不断更新运营管理理念,不仅销售图书,为读者提供全方位服务,也会与读者进行积极沟通以全面了解读者的阅读需求。2003年,新闻出版总署宣布实施《出版物市场管理规定》,明确规定了新华书店在出版物领域的国有所有权,不再限制零售和批发出版物,而是对资金等方面实行准入制度。2012年,新闻出版总署发布的《关于支持民间资本参与出版经营活动的实施细则》提出:"继续支持民间资本投资设立出版物总发、批发、零售、连锁经营企业,从事图书、报纸、期刊、音像制品、电子出版物等出版产品发行经营业务。"在2020年,

《国家新闻出版署关于做好 2020 年印刷复制发行管理工作的通知》指出,"印刷复制发行工作要坚持以习近平新时代中国特色社会主义思想为指导,贯彻落实党的十九届四中全会和中央经济工作会议精神,按照全国宣传部长会议部署,坚持稳中求进、守正创新,着眼体系构建、制度完善,突出问题导向、目标导向、结果导向,全面提升工作科学化、规范化、制度化水平。"

改革开放后,中国市场主体逐渐多元化,国际化程度随之提高,多元化资本运营促进了国企与民企、传统出版业和新兴出版业的融合,民营资本与社会资本的发展也提高了出版的市场化水平。在新兴出版领域,民营资本与社会资本已经成为主体。2015 年,《关于推动国有文化企业把社会效益放在首位、实现经济效益和社会效益相统一的指导意见》明确提出:"在新闻出版传媒领域探索实行特殊管理股制度,积极稳妥开展试点。"出版社进行企业信用体系建设和投融资平台建设,通过资本把国内外的优势企业与出版的上下游产业链连接到一起,系统、科学地做好出版业资本运营。例如,江西出版集团率先通过投融资平台并购项目,推广"版权+科技、版权+金融"模式,为出版社提供全面支持。目前,江西出版集团通过出版精品图书,实现了智明星通挂牌"新三板",推进并购企业瑞章科技、华章汉辰的股改上市工作。中国出版传媒业的资本运作在 2010 年前得到巩固,自 2010 年以来,出版公司进行上市融资,其产业结构、商业模式、竞争形势及发展趋势发生了显著变化。2007 年四川新华文轩在中国香港上市,同年 12 月,辽宁出版传媒集团在上海上市。此外,中国出版业进行资产并购,江西出版、吉林出版、新华文轩、北方联合出版传媒、时代出版等都通过收购股权和资本注入进行跨地域的并购重组。

中国借助上市融资创建出版企业,有利于其获得长期稳定的财政支持,而且无须定期支付利息,规避了支付风险,这较大地促进了现代出版企业制度的建立与完善,使企业成为市场竞争主体。出版传媒企业上市后,借助资本市场的力量,通过多元化融资渠道和融资方式募集资金,在发展主业的同时,通过收购与投资设立新机构等方式进行出版传媒企业的跨地区、跨媒体、跨行业发展。中国出版传媒企业逐渐完善经营管理体制,形成了新的市场格局,需要运用国家法规和资本市场对其进行约束,通过建立以股东大会、董事会、监事会为特征的组织机构体系,进一步提高企业运行效率和市场竞争力,由此就能在上市企业中产生一批行业领军企业。例如，中国出版集团、凤凰出版传媒集团和中南出版传媒集团等有效促进了集团之间的跨地区、跨媒体、跨行业发展。出版企业借助融资使新兴出版业态快速成长，开拓了新的发展空间，改变了市场格局，也加快了出版产业结构的战略性调整。

通过整合产业资源，中国出版业充分利用资本市场进行上市融资，不但开放出版发行渠道，还积极开展出版业并购重组，通过融入金融和新媒体，激活了其信息传播与服务价值，进一步整合了优势出版资源，也有效延长了出版产业链，最终培育出版产业新动能。金融机构要关注出版产业的新业态和新需求，服务好出版产业上下游及消费群体的客户链，并建立综合化融资的产品链、打造线上和线下的服务链等，通过融资融智更好地推动出版供给侧结构性改革，实现我国出版产业的繁荣兴盛。

（四）出版与实体经济融合

实体经济不局限于生产物质的实物经济，它能真实有效地创造产品、转化流通、实现价值。实体经济不仅包括生产物质的第一、第二产业，在第三产业中，生产服务、生产文化的行业也属于实体经济，如制造业上游的研发、设计、供应，下游的物流、品牌、销售及酒店、娱乐、文化传播等产业。党的十九大报告指出，中国特色社会主义进入新时代，我国社会主要矛盾已经转化为人民日益增长的美好生活需要和不平衡不充分的发展之间的矛盾。出版业与实体经济的融合能够解决自身发展不平衡不充分问题，实现出版业平衡发展，从而满足读者需求。实体经济是金融体系的重要组成部分，是社会经济发展的基石，它会不断推动金融体系的发展。在金融体系的发展过程中，如果失去了实体经济的参与，其资源的配置方面就会出现某种失衡现象。实体经济与金融相互扶持，金融体系中稳定强大的财政资金链推动了实体经济的发展，为其提供资金支持。

目前，中国经济发展已进入新常态，出版业正面临着转型，即出版社从单一售书转向复合业态经营模式，以便利用数字技术更新产品、营销与服务。证券、银行、保险、信托投资、融资租赁等金融机构遵循金融业服务于实体经济的原则，优化金融资源配置，聚焦实体经济转型升级而服务出版企业。创新服务方式，促进出版产业与实体经济有效融合，不但提高了资金使用效率，也为出版业提供了资金支持。党的十九大报告提出，"深化金融体制改革，增强金融服务实体经济能力，提高直接融资比重，促进多层次资本市场健康发展。"①为新时代中国金融业发展指明了方向。资金可通过债券、信贷、股票等融资渠道向双方开放供需渠道，建立联系，解决出版社发展的融资问题。2014年，《国务院关于推进文化创意和设计服务与相关产业融合发展的若干意见》提出了，文化创意和设计服务与装备制造业、消费品工业、建筑业、信息业、旅游业、农业和体育产业融合发展。实体经济为出版企业投资与运作，出版业为其提供内容知识服务，促进其产业转型升级，也促使其与玩具、手表、服饰、影院等产业融合。例如，湖北新华、皖新传媒、新华文轩等出版社利用文化、渠道、用户及品牌优势，聚集在教材教辅的发行和销售中积累的文化、渠道、用户、品牌资源优势，积极布局文化旅游产业。

近年来，因为中央到地方各级政府的支持，夜间经济发展如火如荼，同时面对文旅经济的繁荣，以及文旅"新业态"，实体书店应该抓住年轻人的消费需求，实现业态组合年轻多元化、阅读场景化和社交化、营销全域化。这不是"重塑"那么简单，而是要抓住消费者消费变化的底层逻辑，做好生意。书店就是门生意，回归商业本质是根本。

另外，当下的零售和销售方式正从"物以类聚"向"人以群分"转化，实体书店的"服务化改造"与"流量改造"是当下时代的营销重点。

党的二十大报告提出，"加快发展数字经济，促进数字经济和实体经济深度融合，打造具有国际竞争力的数字产业集群。"②在数字中国建设中，出版业具有重要的使命和责任。一方面，出版作为内容生产的源头，要给数字产业提供源源不断的内容供给，这个内容，不同于传统的内容，是数字化的内容，是出版大数据，只有数据化的内容才能搭上数字化的快车。另一方面，出版业要实现从传统内容供给向数据供给的转变，自身的生产流程还需要数字化的改造，只有数字化的生产模式才能实现与更广泛的行业对接，进而创造更大的产业价值。因此，出

---

① 习近平.决胜全面建成小康社会 夺取新时代中国特色社会主义伟大胜利——在中国共产党第十九次全国代表大会上的报告[EB/OL].https:www.gov.cn/zhuanti/2017-10/27/content_5234876.htm.

② 习近平.高举中国特色社会主义伟大旗帜为全面建设社会主义现代化国家而团结奋斗——在中国共产党第二十次全国代表大会上的报告[EB/OL].（2022-10-25）.https://www.gov.cn/xinwen/2022-10/25/content_5721685.htm.

版业要加快推进融合发展的步伐,通过生产流程的数字化改造、传统内容的数字化生产和传播,实现从出版数字化向数字化出版的产业升级。

二、图书出版业要坚持开放的态度

在过去,图书是产品,是读者与作者之间沟通的桥梁,是人与人进行思想交流的载体。然而,随着移动互联网和智能科技的迅猛发展,我们的认知正在以惊人的速度迭代更新。现如今,图书已不再是连接作者与读者的最优媒介形态。尽管制作图书本身是一项充满魅力的工作,但出版工作者应当明确内容的质量。基于此,有专家学者提出了出版业态边界更加开放、出版编辑角色逐渐丰富、内容变现方式不断增多、产品思维转向服务思维四个要求。

(一)开放创新出版业态边界

出版业原本的行业领域、产业模式正在逐步被颠覆,出版物的形式越来越多,内容也越来越丰富,范围也越来越大。出版业也开始了跨界合作之路,在线课堂、线上教育等跨界合作模式开始出现。在融媒体时代,出版业已经发生很大的改变,主要表现在出版系统的层级和结构上,出版系统从封闭、固化的模式转变为开放的模式。随着数字化技术的普及,出版业的生产模式、销售方式都发生了巨大的变化。出版社充分利用自己的人力与内容资源,以事件直播、明星直播等形式来进行书籍宣传。例如,清华科技大讲堂,就是清华大学出版社联合信息分社在"人人讲"网络直播平台上,依托自身的知识资源和作家资源开设的网络直播节目。同时,中信出版集团还与优酷土豆联手,打造了一档名为"中信'大集'知识 show"的大型作家展示栏目,其中涵盖了各个领域的优质内容。中信书院则是依托智能技术和移动互联网技术发展起来的运营商,其运营内容涉及多个领域,涵盖杂志、教育、咨询等多个方面。中信书院依托中信出版社的声誉、技术,整合了音频书、音视频课程、电子书等资源。随着社会发展,人们的思想观念越来越开放,不同产业之间的壁垒也渐渐被打破,出版业、影视业、游戏产业等众多信息产业开始相互融合。在此大环境下,出版业将逐步与其他相关产业融合,其运营模式也会延伸到游戏、影视、教育等更多的产业。

当前阶段,中国出版业正持续推进其改革进程,实现改革的核心力量就是创新。通过努力打破产业边界，使出版流程得到优化，我们要认清产业发展的新趋势，要用创新思维去解决出版改革中遇到的问题，同时也要主动地创造出新的经济增长点。出版业属于文化企业，应积极推动内容创新，这意味着出版业要深入挖掘内容的创意与创新潜力；甚至跳出内容本身，将视角扩展至时代的大背景之下，使内容紧跟时代潮流，与市场需求有效融合。在网络环境中，各类内容产业已经脱离了运营商的束缚，呈现出相互融合、共同发展的情况。图书的内容也从以往以文字、图像为主要呈现方式，发展到以音频、视频为主要呈现方式，为读者提供了全新的阅读体验。出版社将充分利用各类电子设备的优势，进行多元化的发布，使图书内容传播范围更广、传播速度更快。出版业将在保证经济利益的前提下，实现多样化发展。出版业必须大力提升其汇聚高质量内容资源的能力，以促进产业的转型与升级。在此基础上，还需要强化创新规划，并促进技术创新、方法创新和内容创新。另外，在资金、政策、人才等方面也要加大扶持力度，使内容能够多形式、多维度地表现出来，从而建立起新的商业模式与盈利模式。

（二）丰富出版编辑角色

出版业的发展离不开人才。在数字出版时代，编辑需积极摆脱陈旧观念，重新审视自身角色。随着时代演变，编辑的内涵将日趋丰富，编辑需增强服务意识和信息意识，采集并分析多元化的信息内容。同时，编辑应依据市场需求精心策划图书，积极提高自身专业素养，以强化出版产业的整体生产力。在新的出版环境中，编辑必须具有信息资源分析能力，以及数字化产品设计、合成与应用能力，才能满足出版业的发展要求，所以说编辑应是一种复合型人才。出版业亦应积极探索创新路径，强化管理，确保产业发展方向的正确性。同时，为了满足目前和今后的发展，必须建立更加科学、合理的数字化出版机构体系。在加强传统的实体文化出版工作的同时，也要主动回应快速成长的数字出版业，通过多方面的资源整合和产业链的扩展，保证出版和文化产业的健康发展。

编辑面临工作模式的多方面变革，包括设计精细化阅读产品，开发出版衍生服务项目，出现支持编辑的公共平台，以市场为导向再造编印发流程，成为终端服务支持者，提供基于社群运营的深度教学课程体系，设计多维阅读产品，参与学术评价，成为电子书推手及提供智能知识服务等方面变革。编辑应不断提高自身综合素质，开发多元化刊物。政府应在人才培养机制上进行创新，创造一个良好的发展环境，为编辑创造更大的发展空间。要实现出版产业在结构、组织和体制上的变革与升级，必须把重点放在科技与观念的创新上。同时，编辑要敢于打破传统出版思想观念的桎梏，将网络思维运用到出版行业中，让出版和新兴技术、内容产业和实体经济融为一体，以更好地满足读者的个性化需求。

（三）要有多样化的内容变现方式

内容变现能力是出版业稳健发展和实现其潜力的基础，出版业的核心价值在于创造和传播有价值的内容，而内容变现则是指将这些有价值的内容转化为经济利益。只有具备了强大的内容变现能力，出版业才能持续投入资源用于内容创作和生产，从而形成良性循环，并推动行业的健康发展。传统出版业常通过广告来实现内容价值的变现。在移动互联网时代，个体与社会群体之间的联系更加密切，出版业不仅要做内容供应商，还需要在服务、内容、技术、资金等多个层面下功夫，提升媒介内容的商业价值，激发其创意潜能，从而在电子商务、广告、活动等方面获得更多的商业机会。出版业可以借助新科技及各种发行渠道，创作优质图书，并尝试运用微信、众筹、粉丝群等新型营销手段。现阶段，出版业正以较低的投资成本，并购线上和线下市场，向有关行业投资，不断获取资源，从而吸引更多的用户，提高其受关注程度。

在数字化时代，"互联网+"战略与出版业的创新发展需求相契合，这就要求出版业积极应对新挑战与新环境，有效推动图书产品的深度开发与再创新。借助互联网，出版业才能实现内容变现，才能在多个维度实现服务理念的全面革新与发展。移动互联网的迅猛发展深刻改变了出版业的商业逻辑，其中内容在创新营销模式中的高效转化，已成为出版业实现盈利的核心要素与关键所在。

在实现内容变现的过程中，出版业可以采用多种方式。一方面，可以通过销售纸质图书、电子书来获得直接收入；也可以通过与网络平台合作，进行线上、线下的市场推广，提升图书的知名度与销售量。另一方面，出版业也可以通过内容授权和版权转让等途径获得间接利益。

（四）将产品思维转向服务思维

产品思维包含产品细节、用户体验、获取流量、实现红利等特性，产品思维注重的是用户购买图书的行为，图书作为一种产品，出版商通过图书发行与读者实现互动行为。服务思维注重用户的使用行为，这种行为需要出版商与用户建立长期关系，出版商还需要与用户不间断地接触，通过各种增值服务保留用户。因此，在互联网时代，出版商除了实现精品出版，把图书做到极致，还需要由产品思维转向服务思维，实现由生产者到服务者的角色转型。互联网连接了读者对生产活动相关信息的获知渠道，迫使出版商减少业务流程、降低生产成本、优化运营机制，使读者将更多时间和精力放在图书增值服务上，促使出版商从"生产产品"向"供应服务"形态转型升级。也使得出版活动由出版商到读者的单一线性关系拓展为网状结构，并产生网络关联效应，在出版图书到读者消费的环节中，需要确保出版商与读者之间始终能够进行互动与沟通，并为其提供更多产业价值。

在"互联网+"出版的新型产业链中，出版商需要对用户持有差异化服务意识，以整个出版系统为中心，不但要考虑出版产品内容的实用性和自身价值，更要注重读者对产品的满意程度。出版业逐渐从制造业向服务业转变，其价值由产品生产转换为知识服务，出版商更加注重服务商的角色，促使传统出版业向知识服务行业转型。在思维转型中加大传统资源与新兴资源的整合力度，打造富媒体化知识库，开发交互式知识使用体验，为更深入、更系统和更高层次的知识服务奠定内容基础。完善出版物在大数据背景下的数字营销模式，以先进科技推动出版产业发展，促使高效的产业经营模式向有利于经营商与读者利益实现方向转变，促使其得到更多读者的关注。同时还需与读者建立长期的互动关系，通过制定个性化服务为读者提供高质量的用户体验，使其并不用专门购买图书产品。出版商通过订阅模式，使读者在无形中享受出版产品的迭代升级和更新，为读者创造完美的服务体验，在两者之间建立独特且富有价值的同理心连接，在出版流程中鼓舞出版商与读者产生共情，强化其服务能力。

参考文献

[1] 罗雪英. 我国农村图书出版发行研究 [M]. 武汉：武汉大学出版社，2013.

[2] 胡文祈，谌虹. 图书出版编务管理 [M]. 北京：中国书籍出版社，1996.

[3] 蒋雪湘. 中国图书出版产业组织研究 [M]. 长沙：湖南大学出版社，2010.

[4] 饶忠伟，李文越. 图书出版设计手册 [M]. 哈尔滨：黑龙江美术出版社，2002.

[5] 冯洁. 图书出版附属权贸易的理论和实践 [M]. 哈尔滨：黑龙江人民出版社，2007.

[6] 赵学军. 项目管理在图书出版行业的应用研究 [M]. 郑州：大象出版社，2009.

[7] 张敬德. 图书质量与和谐出版 [M]. 北京：中国科学技术出版社，2009.

[8] 李敏康. 图书编辑出版实务 [M]. 广州：广东高等教育出版社，1998.

[9] 朱宇，姜曼，王上嘉. 图书编辑与制作实训教程修订本 [M]. 北京：中国书籍出版社，2018.

[10] 陈桃珍. 图书编辑实务 [M]. 北京：世界图书出版社，2013.

[11] 张亚萍. 幼儿图书出版的困境和路径探析 [J]. 广东印刷，2023（5）：18-20.

[12] 帅莎莎. 新媒体时代图书出版模式的探索与思考 [J]. 科技资讯，2023，21（20）：230-233.

[13] 赵艳. 图书出版过程中编辑与作者的沟通技巧探讨 [J]. 记者摇篮，2023（10）：27-29.

[14] 程欣. 论古籍普及图书的策划创新与精品意识 [J]. 传播与版权，2023（18）：10-13.

[15] 张欣. 融合出版背景下图书编辑的转型与培养 [J]. 全媒体探索，2023（9）：109-110.

[16] 吴宁欧. 新媒体时代图书出版编辑工作创新路径思考 [J]. 智慧中国，2023（9）：64-66.

[17] 辛孟璇. 网络直播场景下图书出版营销的创新策略研究 [J]. 西部广播电视，

2023，44（18）：64-66.

[18] 高爽. 推进图书出版业信用建设的思考与建议 [J]. 中国报业，2023（18）：44-45.

[19] 吴琼. 图书出版管理存在的问题及对策研究 [J]. 中国报业，2023（18）：46-47.

[20] 闫文龙. 新媒体背景下图书出版跨界营销模式研究 [J]. 新闻传播，2023（18）：118-120.

[21] 杜秋丽. 融媒体时代编辑出版转型路径分析 [D]. 北京：北京外国语大学，2023.

[22] 储易宸. AR/VR技术在交互式图书出版上的应用研究 [D]. 桂林：广西师范大学，2022.

[23] 阚天阔. 近代以来我国考古类图书的出版嬗变研究 [D]. 桂林：广西师范大学，2022.

[24] 闫佳桐. 中信出版社原创童书出版研究 [D]. 保定：河北大学，2022.

[25] 徐瑞成. 我国少儿编程类图书出版现状及对策探析 [D]. 青岛：青岛科技大学，2022.

[26] 徐晓娟. 高质量发展背景下图书全面质量管理研究 [D]. 北京：北京邮电大学，2022.

[27] 王雅梦. 我国少儿科普图书的出版现状与应对措施研究 [D]. 郑州：郑州大学，2020.

[28] 陶敏. 大众图书出版的智能化转型研究 [D]. 南京：南京大学，2020.

[29] 尹朝霞. 引进版日本文学类图书出版研究 [D]. 长沙：湖南师范大学，2020.

[30] 阙学. 我国图书出版业场景营销探究 [D]. 上海：上海师范大学，2019.